U. Budde
5/75

List Taschenbücher der Wissenschaft
Politik

LIST
LTW

Plamenatz, Ideologie
Band 1559

Der Ideologie-Begriff war seit seinem ersten Aufkommen im 18. Jahrhundert einem starken Bedeutungswandel unterworfen. Diesem Umstand trägt John Plamenatz Rechnung. Er gibt im 1. Kapitel seines Buches einen kurzen Überblick über die wichtigsten Anwendungen des Wortes und versäumt auch nicht auf die folgenschweren Dunkelheiten des Begriffes hinzuweisen. Im 2. Kapitel geht Prof. Plamenatz auf die Ursprünge der »Ideologie« in der deutschen Philosophie, vor allem bei Kant und Hegel, ein. Im 3. Kapitel setzt sich der Autor mit der noch immer bei den Soziologen verbreiteten Ansicht auseinander, daß viele (wenn nicht alle) Ideen »gesellschaftsbestimmt« oder »gesellschaftsbedingt« seien. Mit der Annahme, eine Ideologie bestehe aus Überzeugungen, deren Funktion es sei, bestimmte Verhaltensweisen zu beeinflussen und zu rechtfertigen, beschäftigt sich Plamenatz im 4. Kapitel. Anschließend geht der Autor auf marxistische Konzeptionen der »Klassen-Ideologie« ein; auch die These, Ideologie sei »falsches Bewußtsein« wird in diesem Kapitel von Plamenatz diskutiert. Im letzten Kapitel befaßt sich Prof. Plamenatz mit der politischen Anwendung von Ideologie.

Plamenatz versteht es, relativ schwierige Sachverhalte einfach und klar auszudrücken. Sein Buch beansprucht nicht, alle Probleme zu lösen; es trägt aber zu einer verständlicheren und systematischen Formulierung dieser Probleme in hervorragendem Maße bei.

John Plamenatz

IDEOLOGIE

Paul List Verlag

Deutsche Erstausgabe

Aus dem Englischen von Wilhelm Höck
Die Originalausgabe »Ideology« erschien 1970 im Rahmen der Reihe »Key Concepts in Political Science« bei Pall Mall Press, London

ISBN 3 471 61559 8

Printed in Germany: Schrift: Garamond-Antiqua
Satz: Süddeutscher Verlag GmbH, München
Druck: Presse-Druck, Augsburg. Bindearbeit: Klotz, Augsburg

INHALT

VORWORT

Aufgefordert, dieses Buch zu schreiben und es knapp zu fassen, mußte ich entscheiden, wie umfassend ich das Thema behandeln sollte, und ich beschloß, es bei dem vorgegebenen Umfang so umfassend wie möglich darzustellen. Hätte ich mich darauf beschränkt, Ideologie im politischen Sinn zu erörtern, hätte ich andere, dunklere, doch nicht weniger wichtige Bedeutungen des Worts vernachlässigen müssen. Eine politische Ideologie muß keine Klassenideologie sein, dennoch meinen viele, politische Ideologien seien tief durch »Klassen«-Ideologien beeinflußt, und man verstehe sie nur richtig, wenn man sehe, wieso das so sei. Doch von »Klassen«-Ideologien sprechen bedeutet von Gedanken* und Lehren zu sprechen, die »gesellschaftlich bedingt« sind oder dafür gelten – und so kommt man unausweichlich von einer Wortbedeutung zur anderen. Deshalb hielt ich es für das beste, alle wichtigen Bedeutungen zu erörtern, auch wenn mich der Versuch einer Unterscheidung zwischen ihnen veranlassen mußte, schwierige philosophische Fragen aufzuwerfen. Glücklicherweise brauchte ich diese Fragen nur zu stellen und ihre Bedeutsamkeit zu erklären, ohne Antworten darauf zu versuchen.

Obwohl dieses Buch von Ideologie und nicht von Marxismus handelt, muß es vieles darüber sagen, wie Marx Ideologie verstanden hat; denn mehr als jemand anderer führte er das Wort in die Gesellschafts- und politische Theorie ein, und er gebrauchte es in all seinen wichtigen Bedeutungen, ohne sich

* Anm. d. Übers.: Der im englischen Original häufig auftretende Terminus »idea« ist, von wenigen Ausnahmen abgesehen, stets mit »Gedanke« wiedergegeben. Und ebenso verwendet die deutsche Übersetzung stets »Überzeugungen« für »beliefs«, auch wo von »religious beliefs« die Rede ist.

auf die Klärung dessen einzulassen, wie sie sich unterscheiden. Spätere Marxisten verwendeten das Wort entweder weitgehend so wie er oder erläuterten ihre Anwendung durch die Abgrenzung gegen ihn; und wo sie den Unterschied nicht selber herausstellten, ist seine Darstellung oft die rascheste Weise zu erklären, wie sie Ideologie oder »Mythen«, »Ableitungen«, »Überzeugungssysteme« und so weiter verstanden, um Wörter anzuführen, die sie bevorzugten.

Im ersten Kapitel gebe ich einen kurzen Überblick über die wichtigsten Anwendungen des Wortes und versuche dabei zu erklären, wie sie sich unterscheiden und wie sie zusammenhängen; und ich verweise auf einige der Dunkelheiten, die Auseinandersetzungen über Ideologien, ihre Funktionen und Auswirkungen oft so nichtssagend oder verwirrend machen. Im zweiten Kapitel versuche ich zu zeigen, wie der umfassendste Begriff von Ideologie als Bezeichnung aller oder der meisten Gedanken in der deutschen Philosophie entstand, und zwar aus einer Erkenntnistheorie, die zuerst Kant vortrug und die später von Hegel drastisch revidiert wurde. Im dritten Kapitel erörterte ich allgemein die noch immer bei den Soziologen geschätzte Ansicht, viele (wenn nicht alle) Gedanken seien »gesellschaftlich bestimmt« oder »gesellschaftlich bedingt«, und im vierten die Annahme, eine Ideologie bestehe aus Überzeugungen, eigentlich aus einem Komplex von Überzeugungen, deren Funktion es ist, bestimmte Verhaltensweisen zu beeinflussen und zu rechtfertigen. Im fünften Kapitel gehe ich auf die marxistische Konzeption der »Klassenideologie« ein, die sowohl reichhaltiger wie auch verworrener ist, als man gelegentlich annimmt: denn der Begriff »Klassenideologie« bezeichnete für Marx nicht allein die ausdrücklichen Lehren organisierter Gruppen, sondern auch Überzeugungen und Verhaltensweisen, die von Menschen weithin geteilt werden, ohne daß sie über diese Gemeinsamkeit Bescheid wüßten oder sie definieren könnten. Im selben Kapitel befasse ich mich mit der Annahme, Ideologie sei »falsches Bewußtsein« (sie bestehe nämlich aus Illusionen, ohne die ihre Träger nicht auskommen können, wenn sie sich typisch für ihre Klasse, ihren Beruf, ihre Tätigkeit oder die Gemeinschaft verhalten sollen, der sie angehören), und außerdem mit der (keineswegs auf Marxisten beschränkten) Behauptung, Religion sei eine Form falschen Bewußtseins. Erst im sechsten und letzten Kapitel diskutiere ich die politischen Anwendungen von Ideologie, sei es durch Regierungen oder durch Gruppen, die Herrschaft oder Einfluß auf politische Entscheidungen anstreben.

Das erste Kapitel führt ein; die fünf folgenden dagegen werden zunehmend weniger philosophisch und dafür mehr soziologisch und politologisch. Das bedeutet nicht, daß sich die späteren Kapitel mit in sich leichteren Fragen beschäftigten, auch wenn sie den Studenten der Sozialwissenschaften und der Politologie vertrauter sind. Ich versuche so einfach und klar zu sein, wie es das Wesen des Themas gestattete, und ich hoffe, daß die Reihenfolge, in der ich mich mit auseinander hervorgehenden Gegenständen beschäftige, mitgewirkt hat, dieses Ziel zu erreichen. Wäre das Buch länger geworden, hätte es mehr Beispiele enthalten; es ist unvermeidlich abstrakt, weil es ein weitgespanntes Thema auf knappem Raum behandelt.

Ich muß Mrs. Jean Floud und Mr. Alsdair Clayre, die den ersten Entwurf lasen, für wertvolle Anregungen danken; und meiner Frau dafür, daß sie zusammen mit mir das Manuskript las und mir half, mich klarer auszudrücken. J. P.

I. DIE VERWENDUNGEN DES WORTS

Das Wort »Ideologie« wurde, wie das Wort »Soziologie«, in Frankreich erfunden. Es bezeichnete die Wissenschaft oder das Studium von Gedanken und wurde zuerst benutzt, um eine um die Wende vom 18. zum 19. Jahrhundert modische Philosophie zu kennzeichnen, deren Vertreter sich rühmten, keine Metaphysiker zu sein. Sie erklärten alle Gedanken als letztlich aus Empfindungen abgeleitet. Der berühmteste französische Denker dieser Schule war Condillac, ein Schüler der englischen Empiristen, doch die Kennmarke *idéologue* oder *ideologist* wurde weniger ihm beigelegt als vielmehr Leuten, die nach ihm kamen. Diese frühe Bedeutung des Worts wäre vielleicht noch unbekannter, als sie es schon ist, hätte es nicht Napoleon aufgegriffen und dazu verwendet, die Ungeduld, ja die Verachtung des Tatmenschen für jene auszudrücken, die so viel stärker als er an abstrakten Gedanken interessiert sind. So blieb das Wort »Ideologie« einige Dekaden lang französisch, bis es international wurde und dabei seine Bedeutung änderte. Und obwohl sich die Bedeutung gewandelt hat, wird es noch immer recht oft abschätzig gebraucht.

In seiner späteren und weit wichtigeren Bedeutung wird das Wort verwendet, um einen Komplex eng verbundener Überzeugungen oder Gedanken oder auch Verhaltensweisen zu bezeichnen, die für eine Gruppe oder Gemeinschaft charakteristisch sind. Das jedenfalls ist die Grundbedeutung, obwohl der Begriff häufig noch mehr bezeichnet. Ein Komplex dieser Art kann auf wenige Personen beschränkt sein oder von vielen geteilt werden. Er kann Gemeingut eines ganzen Volks oder auch mehrerer Völker sein: der westeuropäischen oder der asiatischen oder der islamischen Welt; oder er wird von sämtlichen Völkern allenthalben in einer Geschichtsepoche, aber nicht in einer anderen, geteilt; oder er ist auf eine winzige Sekte begrenzt, die sich nur in einem kleinen Winkel der Welt findet. Ja, ein Komplex von Gedanken kann einer einzigen Person eigentümlich sein, und doch läßt sich das Wort »Ideologie« zu Recht darauf anwenden – wenngleich in diesem Fall die Person, deren Gedanken so betitelt werden, als wichtig gelten muß. Gewisse Gedanken oder Überzeugungen können ihr eigentümlich sein, doch sie beeinflussen ihre Handlungen, und was sie tut, hat beträchtliche Folgen für andere. Oder wenn auch ihre »Ideologie« als Ganzes ihr eigentümlich ist, teilen doch andere, auf die sie großen Einfluß hat, Stücke davon. Daher findet man es zuweilen angängig, von Lenins Ideologie im Unterschied zur bolschewistischen, oder von Calvins Ideologie im Unterschied zur calvinistischen zu sprechen. Dennoch hat man gewöhnlich, wenn von Ideologie die Rede ist, einen Komplex von Gedanken oder Überzeugungen oder Verhaltensweisen im Sinn, der charakteristisch für eine Gruppe ist. Diesen Komplex kann man auch außerhalb der Gruppe finden, doch vermutlich weniger ausgeprägt als in ihr.

Ich sprach von Gedanken, Überzeugungen und Verhaltensweisen. Dies sind keine gleichbedeutenden Termini. Zuweilen sagt man »Gedanke«, wo man ebensogut »Überzeugung« sagen könnte. Johanns Gedanken über Jakob sind seine Überzeugungen über ihn. Doch mit »Gedanke« meint man gelegentlich »Begriff« *(concept):* nicht eine Überzeugung, sondern etwas, das dem Ausdruck von Überzeugungen dient. Man kann den Begriff des Menschen von jeder Überzeugung über den Menschen unterscheiden, zu deren Ausdruck er verwendet wird. Trotzdem brauchen wir für unsere Absicht, nämlich die Erörterung von Ideologie, diese Unterscheidung nicht zu betonen. Obgleich ein Begriff keine Überzeugung ist, wird er doch stets verwendet, entweder eine Überzeugung oder sonst etwas (etwa eine Absicht, einen Wunsch oder ein Verhalten) auszudrücken, dessen Bedeutung von den Überzeugungen desjenigen abhängt, der sich dermaßen äußert. Sage ich: »Schließ die Tür«, brauche ich den Begriff »Tür« nicht zu benützen, um eine Überzeugung auszudrücken, doch ich verwende ihn, um einen Wunsch zu äußern oder einen Befehl zu erteilen, die witzlos wären, hätte ich nicht die Überzeugung, daß eine schließbare Tür vorhanden sei. Die von Menschen verwendeten Begriffe korrespondieren mit ihren Überzeugungen, und im Verlauf meiner Erörterung über Ideologie werde ich selten zwischen Begriffen und Überzeugungen unterscheiden müssen. Ich werde gewöhnlich das Wort »Gedanken« verwenden, um unterschiedslose Begriffe und Überzeugungen zu bezeichnen. Damit folge ich dem Beispiel aller Autoren, die von Ideologie sprechen.

Eine Verhaltensweise ist nach Auskunft des Wörterbuchs eine Haltung oder eine Benehmensweise, die auf eine Überzeugung oder ein Gefühl oder eine Disposition zum Tun verweist. Nach dieser weitgefaßten Wortbedeutung besitzen andere Lebewesen als der Mensch, auch wenn sie genaugenommen keine Überzeugungen haben, doch Verhaltensweisen; sie haben Gefühle und Dispositionen zum Tun, und sie lassen sich aus dem Benehmen bestimmen. Doch diejenigen Verhaltensweisen, um die es uns geht, sind menschliche; es sind die Verhaltensweisen von Wesen, die Begriffe verwenden und Überzeugungen äußern. Die Gefühle und Dispositionen, auf die sie verweisen, sind solchen Wesen eigentümlich; sie entstehen aus Überzeugungen, oder genaugenommen aus Situationen, an denen Überzeugungen wesentlichen Anteil haben. Mehr noch: das Verhalten, das sie anzeigt, ist vorwiegend sprachlicher Art. Wenn Müller auf Schmidt wütend ist, kann er, ohne ein Wort auszusprechen, eine Drohhaltung einnehmen. Ja, er kann schwachsinnig und unfähig sein, zu sprechen und auf menschlichem Niveau zu denken und daher weitgehend nach der Art eines Hundes drohende Haltung annehmen. Nehmen dagegen Sklaven oder Leibeigene gegenüber den gesellschaftlich Herrschenden eine Drohhaltung ein, verwenden sie dazu fast stets Worte; und der Gebrauch von Worten ist der Gebrauch von Gedanken.

Verbreitung und Umfang

Ebenso wie sich über Art oder Größe der Gruppe oder Gemeinschaft sprechen läßt, von der es heißt, sie teile eine Ideologie, läßt sich auch fragen, wie viele ihrer Gedanken und Verhaltensweisen in die Ideologie eingeschlossen sind. Das heißt, man kann nach der Verbreitung einer Ideologie fragen: Welche Art von Völkern oder welcher Teil eines Volks oder der Menschheit ihr anhangen; oder man kann nach ihrem Umfang fragen: welchen Anteil aller Gedanken und Verhaltensweisen sie umschließt. Eine Ideologie ist weit verbreitet und entweder sehr umfassend oder auch nicht. Es gibt offenbar kein konstantes Verhältnis zwischen der Verbreitung und dem Umfang von Ideologien. Es läßt sich nicht sagen, je weiter eine Ideologie verbreitet sei, um so weniger umfassend sei sie; und ebensowenig das Gegenteil.

Zuweilen heißt eine Ideologie der umfassendsten Art eine »Weltanschauung«, auch bei englischen und amerikanischen Autoren, die meinen, es gebe kein englisches Äquivalent zu diesem deutschen Wort. Dieser Begriff einer »Weltanschauung« oder (um ihr einen anderen Namen zu geben) »Totalideologie« ist überhaupt nicht klar. Soll man darunter eine Theorie verstehen: ein mehr oder weniger zusammenhängendes System ausdrücklicher Überzeugungen über die Welt? Oder hat man darunter das Verständnis zu begreifen, das im gewöhnlichen Denken und Sprechen über die Dinge und Personen, die Ereignisse und Handlungen, wie sie die Welt ausmachen, enthalten ist? Eine Weltanschauung oder Totalideologie im ersten Sinn wäre etwas Durchreflektiertes, über das vielleicht nur wenige Mitglieder einer Gemeinschaft oder sozialen Gruppe verfügen. Im zweiten Sinn könnte sie von allen geteilt sein. Also hat man zumindest zwischen zwei Ebenen der Totalideologie zu unterscheiden: durchreflektierte und unreflektierte.

Es läßt sich nicht als gegeben nehmen, daß die beiden Ebenen einander entsprechen, daß die durchreflektierte Totalideologie nur das Vorverständnis der unreflektierten zur Sprache bringt. Denn in einer Gemeinschaft oder Gruppe, in der es mehrere durchreflektierte Ideologien gibt, kann auch nur eine einzige unreflektierte vorhanden sein. Ja, wenn sich alle Mitglieder einer Gemeinschaft oder Gruppe in der Alltagsunterhaltung verstehen sollen, müssen sie eine unreflektierte Ideologie teilen.

Eine Ideologie kann partiell sein: aus Gedanken und Verhaltensweisen bestehen, die sich nur auf einen Teil der Wirklichkeit beziehen. Ja, Ideologien sind fast stets partiell. Oder vielleicht sollte ich sagen, das Wort »Ideologie« werde fast immer verwendet, um eine bestimmte Sphäre des Denkens, nicht aber das Denken insgesamt zu bezeichnen. Sprechen etwa Marxisten von »Klassenideologie«, haben sie fast stets nur einige Gebiete des Denkens im Sinn. Zuweilen erheben sie zweifellos den Anspruch, mehr zu tun. Doch ist dieser Anspruch, buchstäblich genommen, absurd; eine Klassenideologie kann nicht sämtliche von den Angehörigen der Klasse gehegten Gedanken umgreifen. Selbst in der kapitalistischsten aller Gesellschaften sprechen Bürger und Proletarier die gleiche Sprache – falls nicht allezeit, so doch zumeist. Die Behauptung, das Bürgertum besitze eine umfassende, für diese Klasse charakteristische Ideologie, ist nur einleuchtend, wenn sie besagen soll, es verfüge über eine Totalideologie durchreflektierter Art, über eine allumfassende Philosophie.

Man kann mithin zwei Ebenen partieller Ideologie unterscheiden. So lassen sich etwa die bei den Staatsgeschäften praktizierten Gedanken von denen absetzen, die zur Aufstellung von Staatstheorien dienen, oder die von Produzenten und Kaufleuten bei der Produktion angewandten Gedanken von denen eines Wirtschaftswissenschaftlers.

Gelegentlich ist es außerordentlich schwierig, entweder die Verbreitung oder den Umfang einer Ideologie zu bestimmen. Hört man beispielsweise einen Marxisten (oder eigentlich auch sonst jemanden) von »bürgerlicher Ideologie« sprechen, kann man sich häufig nur fragen, welche Teile der Bevölkerung seiner Meinung nach die Ideologie teilen, und ebenso, welche Gebiete des Denkens (und auf welchen Ebenen) darin eingeschlossen sind. Fordert man den Redner auf, diese Zweifel zu zerstreuen, veranlaßt man ihn ebenso oft, sie zu teilen, wie man ihn irritiert.

Der Bürger verwendet vermutlich keine Gedanken oder hegt keine Überzeugungen oder zeigt keine Verhaltensweisen, die für seine Klasse unabhängig davon charakteristisch wären, wie er auch auf eigentümlich menschliche Art denkt und handelt. Nicht alles Menschliche an ihm, soweit es sich von nur Tierischem unterscheidet, ist bürgerlich. Wenn er in seinen Mußestunden gärtnert und sich mit Bedacht so verhält, wie es einem Gärtner ansteht, ist er vermutlich ebenso frei von bürgerlicher Ideologie, wie der Proletarier bei der gleichen Beschäftigung von proletarischer Ideologie frei ist. Sagt man jedoch, der Bürger denke nur dann als Bürger, wenn er sich mit klasseneigentümlichen gesellschaftlichen Tätigkeiten befaßt, hat man zu bestimmen, was jene Tätigkeiten sind. Und das ist keine geringe Aufgabe.

Sagen wir es so: der Bürger unterscheidet sich vom Proletarier vor allem darin, daß er anders am Produktionsprozeß beteiligt ist. Dieser Unterschied zwischen beiden läßt sich vielleicht am leichtesten definieren. Doch der Bürger und der Proletarier haben gewöhnlich bei der Arbeit mehr miteinander zu tun als im häuslichen Leben oder in der Freizeit. Es gibt vermutlich Erhebliches, das ihren Gedanken und Verhaltensweisen gemeinsam ist, wenn sie an Produktion und Handel teilnehmen, denn sie sind bestrebt, vernünftig zusammenzuarbeiten. Doch ebenso wie die Proletarier befaßt sich der Bürger mit mehr als nur diesen Tätigkeiten. Er ist auch Vater, Ehemann, Staatsangehöriger und noch anderes. Übt er diese anderen Tätigkeiten aus, können die Gedanken dabei diejenigen sein, die sich am meisten von denen des Proletariers unterscheiden. Versucht man seine sozialen Tätigkeiten von denen des Proletariers abzusetzen, fällt es möglicherweise leichter, diese Unterscheidung zwischen ihren produktiven Tätigkeiten zu treffen als zwischen anderen. Versucht man jedoch, ihre Gedanken voneinander abzusetzen, dürfte es einfacher sein, wenn man diese auf andere als produktive Tätigkeiten bezieht. Wie also die Aufgabe beginnen und bestimmen, was als bürgerliche Ideologie zu zählen hat? Hat man zuerst zu entscheiden, welche gesellschaftlichen Tätigkeiten charakteristisch bürgerlich seien, und dann nach Gedanken Ausschau zu halten, die unter den mit diesen Tätigkeiten Befaßten üblicher sind als unter anderen? Versucht man dies, wird man es häufig unmöglich finden, eine Tätigkeit anders zu definieren als durch die Gedanken der sie Ausübenden. Wenngleich sich der Anteil des Bürgers am Produktionsprozeß oder die Quelle seines Einkommens deutlich genug von denen des Proletariers trennen lassen, und dies ohne Bezug auf Gedanken und Verhaltensweisen: gilt das auch für seine Rolle als Vater oder Ehemann oder Staatsbürger? Oder läßt sich sagen, die meisten Leute, deren Einkommensquelle oder deren Rolle in der Produktion typisch bürgerlich sind, verhielten sich als Väter, Ehemänner und Staatsbürger so, daß es charakteristisch für die ökonomische Gruppe sei, der sie angehören?

Das Wort »Ideologie«, das man verwendet, um die für eine Gruppe oder Gemeinschaft kennzeichnenden Gedanken oder Verhaltensmuster zu benennen, ist, wie sich gezeigt hat, recht jungen Ursprungs. Marx und Engels verwendeten es in diesem Sinn, und es kam in allgemeineren Gebrauch, als sich der Einfluß ihrer Gedanken ausbreitete. Sie benützten es sorglos, so daß sich häufig (etwa wenn sie über das soeben Erörterte: die bürgerliche Ideologie, sprachen) nicht ausmachen läßt, welche Gruppen oder welche Gedanken sie genau im Sinn hatten. Sie begründeten eine Tradition des sorglosen Gebrauchs. Marx und Engels verwendeten das Wort als Hilfsmittel, um einige ziemlich dunkle, doch ebenso wichtige Gedanken auszudrücken, die sie über die Verbindung von Überzeugungen und Verhaltensweisen, entweder allgemein oder auf einem besonderen Gebiet, mit anderen menschlichen Tätigkeiten hatten. Diese Gedanken stammten nicht sämtlich von ihnen, denn sie übernahmen die besten darunter von Hegel, der sie zu artikulieren vermochte, ohne das Wort »Ideologie« zu gebrauchen; und auch Hegel hatte seine Vorläufer. Marx und Engels und ihre Schüler waren nicht die einzigen Benützer des Worts, und ebensowenig wurde es nur in den Bedeutungen verwendet, die sie ihm gaben. Doch das Wort gehört mehr ihnen als sonst jemandem. Sie verschafften ihm als erste weithin Geltung, und selbst heute sind sich die meisten Autoren, die es benützen oder seine Anwendungen diskutieren, auch dann, wenn sie keine Marxisten sind, sehr genau des Gebrauchs bewußt, den Marx und seine Nachfolger davon machten. Selbst wo sie sich nicht unmittelbar mit den Theorien Marx' und Engels' befassen, versuchen sie recht häufig, Fragen zu beantworten oder neu zu formulieren, die Marx und Engels stellten, oder andere Fragen zu stellen oder zu beantworten, die sich aus einer kritischen Analyse der marxistischen Auffassungen über Ideologie ergeben.

Ich sagte oben, das Wort »Ideologie« werde nicht nur benützt, um ausdrückliche Überzeugungen und Theorien zu bezeichnen. Wer von bürgerlicher Ideologie spricht, meint damit nicht immer die Theorien und Lehren derjenigen Autoren, die er deshalb bürgerlich nennt, weil ihre Theorien im Bürgertum weithin Billigung fanden. Er versteht darunter häufig Überzeugungen und Verhaltensweisen, die im bürgerlichen Sprechen und Benehmen impliziert sind, und zuweilen spricht er von bürgerlichen Theorien und Lehren, als sei es fast ihre einzige Funktion, diese Überzeugungen und Verhaltensweisen zu artikulieren. Er spricht von bürgerlichen Theoretikern oder Ideologen (wie er sie gelegentlich nennt), als seien sie weit mehr Exponenten denn Erzeuger bürgerlicher Ideologie. Aber man spricht nicht konsequent auf diese Weise, denn manche der entsprechenden Erklärungen und Argumente implizieren, daß Ideologen ebensosehr Erzeuger wie Exponenten von Ideologien sind.

Obgleich der Terminus Ideologie sich keineswegs auf artikulierte Überzeugungen beschränkt, wird er in der Praxis selten dazu benützt, um die Überzeugungen primitiver Völker zu bezeichnen. Ich weiß nicht, warum das so sein muß. Aus irgendeinem Grund handelt es sich um ein Wort, das bei den Sozialanthropologen (die primitive und meist »ungebildete« Völker studieren) weit weniger in der Gunst steht als bei den Soziologen (die entwickeltere und »gebildetere« Völker studieren) – obwohl es auch Soziologen gibt, die lieber von »Überzeugungssystemen« sprechen, wo sie ebensogut »Ideologien« sagen könnten. Doch der Unterschied zwischen artikulierten und implizierten Überzeugungen gilt auch für primitive Gesellschaften. In ihnen gibt es natürlich keine Verfasser von Büchern; es gibt keine Erzeuger von Theorien, keine Ideologen, die als solche wahrgenommen würden. Dennoch finden sich ausdrückliche Überzeugungen als unterschieden von den in Sprech- und Verhaltensweisen implizierten. Und die ausdrücklichen Überzeugungen über eine bestimmte Klasse von Dingen oder Handlungen oder Ereignissen kann ein zusammenhängendes Glaubenssystem bilden.

Kommen Historiker und Philosophen zu der Einsicht, Überzeugungen zwischen einem Teil der Welt und dem anderen, zwischen einer Epoche und der anderen wichen erheblich voneinander ab, fragen sie bald, wie es dazu komme. Wie geschieht es, daß verschiedene Völker und verschiedene Epochen nicht nur verschiedene Antworten auf die gleichen Fragen geben, sondern auch verschiedene Fragen stellen? Nun ist das eine »aufgeklärte« Frage, und sie ergibt sich nur in Gemeinschaften mit einem Überfluß an Theorien, wo sich Philosophen und Historiker selber wie auch ihren Vorgängern kritisch gegenüberstehen, wo sie nicht nur bemerken, wie sie untereinander abweichen, sondern auch die weit größeren Unterschiede zwischen ihnen und ihren Vorläufern oder denen erkennen, die in anders gearteten Gesellschaften Geschichte und Philosophie schreiben. Sie nehmen sich gegenseitig sehr genau wahr, wissen aber auch, daß sie nicht in einer nur von ihresgleichen bewohnten Kulturwelt leben. Sie verstehen sich so als Gedankenträger, wie es die meisten anderen Menschen nicht sind, und dennoch als Angehörige von Kulturen, denen andere ebensosehr angehören wie sie selber.

Wenn sie daher etwa alte griechische Gedanken über den Menschen, die Gesellschaft und Herrschaft ihren eigenen entgegensetzen, haben sie nicht allein die artikulierten Überzeugungen griechischer Autoren, deren Werke auf sie gelangt sind, vor Augen, sondern Verhaltensweisen und Empfindungen, die weiter verbreitet waren als diese Überzeugungen und dennoch im Zusammenhang mit ihnen standen. Doch ihr Beweismaterial für ihre Äußerungen über diese Verhaltensweisen und Empfindungen besteht zum größten Teil aus dem, was sich in den überlieferten Schriften und Fragmenten findet. Obwohl Ideologie, wie sie sich zu erkennen gibt, etwas Volkstümliches und mithin nicht auf planmäßig angelegte Theorien oder auch explizite Überzeugungen beschränkt ist, sondern Annahmen und Empfindungen einschließt, die jene, welche danach leben, häufig nicht in Worte fassen können, erhält man also seine Vorstellungen über eine bestimmte Ideologie hauptsächlich aus den Werken von Autoren, die man für die Exponenten dieser Ideologien hält. Auch wenn eine Ideologie nicht notwendig aus Theorien und artikulierten Überzeugungen besteht, sprechen Autoren, die dies bereitwillig zugeben, dennoch so darüber, als wäre sie vorwiegend theoretisch und explizit. Das Studium volkstümlicher Denk- und Empfindungsweisen ist neueren Ursprungs; und obzwar die von Sozialanthropologen beschriebenen Überzeugungen primitiver Völker nicht unter dem Einfluß von Theorie stehen, sind die volkstümlichen Gedanken und Empfindungen in entwickelten und gebildeten Gesellschaften tief, wenn auch indirekt, davon beeinflußt. Was die volkstümlichen Überzeugungen vergangener Zeiten anlangt, so haben wir nur dann Zugang zu ihnen, wenn sie sorgsam aufgezeichnet sind.

»Falsches Bewußtsein«

Marx nannte Ideologie häufig »falsches Bewußtsein«. Auch sprach er von ihr als »bestimmt« durch gesellschaftliche Bedingungen oder »gesellschaftliches Sein«. Und doch nahm er offenbar nicht an, daß sie »falsches Bewußtsein« ihrer Determiniertheit wegen sei. Denn zumindest gelegentlich hielt er dafür, Bewußtsein allgemein, und nicht allein falsches Bewußtsein, sei durch das gesellschaftliche Sein bestimmt. Was er unter »Bewußtsein« verstand, wechselte zweifellos mit dem Kontext, doch er verwendete das Wort offenbar zuweilen im weitestmöglichen Sinn, so daß es alle Gedanken und Überzeugungen umfaßte. Damit ist Ideologie, falls sie falsches Bewußtsein ist, nur ein Teil des Bewußtseins.
Ich werde später auf die dunkle Lehre zurückkommen, Bewußtsein sei durch gesellschaftliches Sein bestimmt. Und ich werde sie allgemein erörtern, nicht nur in der Marxschen Fassung. Jetzt möchte ich diesen Gedanken des falschen Bewußtseins betrachten. Falsches Bewußtsein ist nicht einfach jede Art falscher Überzeugung. Ein Wissenschaftler, der fachkundig und gewissenhaft die der Art seiner Forschung angemessenen Methoden anwendet, kann eine falsche Schlußfolgerung ziehen, die er für richtig hält. Seine Überzeugung betrifft zwar nicht nur ein Ereignis, sondern jedes einzelne einer bestimmten Art, ist aber dennoch kein Fall falschen Bewußtseins. Ebensowenig sind die falschen Ansichten im Alltagsleben Fälle falschen Bewußtseins. Wer überzeugt ist, es sei drei Uhr, während es in Wirklichkeit zwei ist, hat kein falsches Bewußtsein. Unter falschem Bewußtsein verstand Marx offenbar eine Gruppe fehlerhafter Ansichten über wichtige Angelegenheiten, geteilt von einer ganzen Personengruppe oder gar einer ganzen Gemeinschaft. Falsches Bewußtsein ist verführerisch und hat weitreichende gesellschaftliche Folgen. Es besteht aus einer Anzahl eng verbundener Illusionen, allen oder fast allen Personen gemeinsam, deren Situationen oder gesellschaftliche Rollen gleich sind. Bürgerliche Gedanken über den Staat sind, wie Marx annahm, ein Beispiel für falsches Bewußtsein. Vermutlich meinte er damit nicht alle bürgerlichen politischen Vorstellungen, sondern nur einige. Der Glaube an die Souveränität der Königin

gegenüber dem Parlament, den zu Marx' Zeiten die Mittelklasse weit mehr verstand und billigte als die Arbeiterklasse, war nicht falsch. Jeder sachverständige Jurist konnte eine Erklärung dieser Souveränität so abgeben, daß sie für Marx ebenso annehmbar gewesen wäre wie für jeden anderen, der sie hätte erfassen können. Die Gedanken, die Marx für illusionär hielt, waren solche über die wesentlichen Funktionen des Staats. Falls der Staat sein soll, was er wirklich ist, falls er die Interessen begünstigen soll, die er wirklich begünstigt, müssen mehr oder weniger verbreitet falsche Überzeugungen darüber gelten, was er ist, und über die Interessen, die er begünstigt. Beispielsweise muß weithin die Ansicht herrschen, er begünstige die allen seiner Autorität unterworfenen gemeinsamen Interessen, während er, nach Marx, in Wirklichkeit die Interessen einer Klasse auf Kosten anderer begünstigt.

Dieser Begriff der Ideologie als eines falschen Bewußtseins zog nicht nur marxistische Denker an. Wo Marxisten von »Ideologien« sprechen, spricht Pareto von »Ableitungen« *(derivazioni)*. Eine »Ableitung« ist eine Theorie oder zumindest ein dichter Komplex von Überzeugungen, die man, unbeschadet ihrer Wahrheit, annimmt, weil sie dazu dienen, Handlungen zu rechtfertigen und in gewissem Grad sogar zu steuern. Pareto dachte diese Tätigkeiten nicht als ein Verfolgen von Gruppeninteressen; im Grunde hielt er sie für größtenteils nicht-rational – oder nicht-logisch, wie er sich lieber ausdrückte. Seine »Ableitungen« dienen daher nicht dazu, die Verfolgung von Klassen- oder Gruppeninteressen zu rechtfertigen, wie das nach den Marxisten und gleichartig Denkenden bei Ideologien der Fall ist. Auch sagte Pareto nicht, eine »Ableitung« sei hauptsächlich aus falschen Überzeugungen gebildet; eher ging es ihm um den Nachweis, daß sie aus anderen Gründen akzeptiert werden, aber nicht, weil sie kritisch geprüft und für wahr befunden worden seien.

Sorel beeindruckte die Macht gesellschaftlicher und politischer »Mythen«. Es sei sinnlos, so meinte er, danach zu fragen, inwieweit sie wahr seien. Man nehme sie an, weil sie die Empfindungen deren ausdrückten, die sie annehmen; sie bilden Ventile für Gefühle und Entschuldigungen für Handlungen. Indem er sie so kennzeichnete, wollte er sie nicht herabsetzen. Er war nicht wie Pareto wirklich oder vermeintlich

»au-dessus de la melée«; er behauptete nicht, ein leidenschaftsloser Betrachter von Mythen und ihrer gesellschaftlichen Auswirkungen zu sein. Sorels Sympathien galten wie diejenigen Marx' dem Proletariat, das er für eine revolutionäre Klasse hielt. Es war ihm lieb, daß es sich so verhielt. Aber er betrachtete seine Revolution nicht als eine Verfolgung von Klasseninteressen; er hielt sie eher für einen Gestus, für einen Akt der Selbstversicherung, für etwas, das um seinetwillen geschieht: Die Proletarier betreiben die Revolution, weil sie dazu gezwungen sind, weil ihre Stellung in der Gesellschaft derart ist, daß sie die Notwendigkeit verspüren, sich selber als Klasse zu verstehen, indem sie sich dazu machen. Der Mythos, der unbeschadet seiner Wahrheit angenommen wird, rechtfertigt und definiert den Gestus, den sie ausführen. In den Augen Sorels nahmen Revolution wie Mythos beinahe den Charakter von Kunstwerken an, wenn auch der Künstler kein Individuum, sondern eine Klasse ist.

Marx machte sich nicht die Mühe, zwischen den Elementen zu unterscheiden, die eine Ideologie ausmachen, und fragte daher auch nicht, ob sie sich alle unter »falschem Bewußtsein« fassen lassen. So nannte er beispielsweise Moral »ideologisch«. Doch moralische Regeln sind nicht in sich falsche Überzeugungen, selbst wenn sich herausstellen sollte, daß viele der Überzeugungen, die Menschen darüber hegen, falsch sind oder daß ein Teil des Verfahrens, Menschen zum Befolgen moralischer Regeln zu erziehen, darin besteht, sie zur Annahme von falschen oder unverifizierbaren Überzeugungen zu bewegen.

Falsches Bewußtsein oder Mythos können eine Vielzahl von Funktionen haben. Zuweilen, wenn auch keineswegs immer, spricht Marx, wo er sie falsches Bewußtsein nennt, so von Ideologie, als bestehe ihre Hauptaufgabe darin, Klasseninteressen zu fördern. Die Ideologien herrschender und daher ausbeuterischer Klassen fördern deren Interessen, indem sie die bestehende Ordnung rechtfertigen, die die Voraussetzung für Herrschaft und Ausbeutung bildet; die Ideologien unterdrückter und ausgebeuteter Klassen stellen diese Ordnung in Frage. Die Mythen, von denen Sorel spricht, sind zwar Klassenideologien, fördern aber nicht (wenigestens nicht im marxistischen) Sinn Klasseninteressen. Paretos »Ableitungen«

sind allgemeiner als Gruppenideologie konzipiert; sie dienen eher dazu, Menschen mit ähnlichen Bestrebungen, Antrieben und Verhaltensweisen zusammenzubringen und -zuhalten, als ihnen gemeinsame Interessen zu fördern. Das besagt, sie dienen mehr dazu, Gruppen zu schaffen und zu erhalten, als sie beim Verfolgen ihrer Gruppeninteressen zu unterstützen. Die »herrschende Klasse«, wie sie Pareto versteht, besteht nicht aus Menschen, die gemeinsame Interessen oder Überzeugungen einen – selbst wenn sie gewisse Interessen oder Überzeugungen gemeinsam haben können, wie sie auch einige mit den beherrschten Klassen verbinden. Sie besteht vielmehr aus Eliten, die deshalb, weil sie mächtig sind, mehr Rücksicht aufeinander nehmen müssen als auf Gruppen außerhalb der herrschenden Klasse.

Natürlich brauchen die »Träger« einer Ideologie oder eines Mythos keine gesellschaftliche Klasse zu bilden; sie können eine Gruppe sein, die sich ihrer Art nach von dem unterscheidet, was ein Marxist oder sonst jemand Klasse nennen würde. Sie mögen viel kleiner als eine Klasse oder auch eine ganze Gemeinschaft sein. Marx selbst gab das zu, wenigstens implizit. Er nannte die Religion eine »Ideologie«, mithin »falsches Bewußtsein«, und leugnete nicht, daß es auch in primitiven und klassenlosen Gesellschaften Religionen gibt. Heute erkennen alle Sozialwissenschaftler die Bedeutung von Mythen (oder Teilmythen) für die Erhaltung des Charakters einer Gemeinschaft oder dieses und jenes Aspekts in ihrem Leben, woran jeder Anteil hat. Diese Mythen sind keine Klassen- oder Sekten-Ideologien, sondern Gemeinbesitz. Und dennoch bilden sie Beispiele für das, was Marx unter falschem Bewußtsein verstand.

Marx und Engels verwendeten das Wort »Ideologie« nicht, um ihre eigene Theorie zu bezeichnen, auch wenn sie, ihrer Meinung nach, eine Theorie in Übereinstimmung mit den Klasseninteressen des Proletariats und daher eine war, die das Proletariat allmählich annehmen mußte, wenn es lernte, seine Klasseninteressen zu erkennen. Sie nannten ihre Theorie vermutlich deshalb nicht Ideologie, weil sie keine Form falschen Bewußtseins in ihr sahen. Das Proletariat ist nach ihnen in einer Hinsicht eine einzigartig bevorzugte Klasse: Die Überzeugungen über die Gesellschaft und den Verlauf der gesellschaftlichen Veränderungen, die seine Interessen begünstigen, sind wahre Überzeugungen. Ja, die Voraussetzung dafür, daß Proletarier die wahren Interessen ihrer Klasse erkennen, besteht darin, diese Überzeugung zu hegen. Es ist ihre Bestimmung, die einzige Klasse zu sein, die den Ablauf gesellschaftlicher Veränderungen versteht und über das falsche Bewußtsein hinausgelangt.

Dieses Thema ist in den Schriften Marx' weniger bedeutsam als in denen des Ungarn Georg Lukács, den viele für den tiefsten und einfallsreichsten marxistischen Denker des 20. Jahrhunderts halten. In seinem Buch *Geschichte und Klassenbewußtsein* (1923) erläutert Lukács systematischer als Marx, in welcher Hinsicht die Rolle des Proletariats als einer revolutionären Klasse einzigartig sei. Lukács verwendet nicht den Terminus »proletarische Ideologie«, sondern spricht stets vom Klassenbewußtsein des Proletariats. Andere marxistische Autoren unseres Jahrhunderts folgten seinem Beispiel nicht; sie waren bereit, von proletarischer oder kommunistischer Ideologie zu sprechen. Doch dies bedeutet nicht, daß sie zugegeben hätten, es handle sich, wie bei der bürgerlichen Ideologie, ebenfalls um falsches Bewußtsein oder Mythos. In dieser Thematik halten es alle Marxisten mit Marx und Lukács, nicht mit Sorel oder Pareto. Die Wahrheit, so meinen sie, sei in einem besonderen Sinn die Bundesgenossin des Proletariats.

Eine Begriffsfamilie

Obwohl »Ideologie« mehrere, zuweilen schwer voneinander unterscheidbare Bedeutungen besitzt, sind sie doch auch eng verwandt. Man verwendet das Wort stets, um ein System von Gedanken oder Überzeugungen zu bezeichnen, das man in gewisser Hinsicht für begrenzt hält. Selbst eine »Totalideologie« ist begrenzt; sie besteht aus den Gedanken und Überzeugungen eines speziellen Volkes oder einer Völkergruppe oder einer bestimmten Epoche. Darauf ist sie beschränkt; sie beschreibt die Welt, wie man sie sieht, wie sie einem erscheint. Auch wenn man annimmt, sie umschließe alle Gedanken und Überzeugungen in ihrem Geltungsbereich und sei daher buchstäblich eine *totale* Ideologie, bleibt sie noch immer nur eine Ideologie unter anderen. Fest steht, wie sich noch zeigen wird, daß selbst Autoren, die von einer »Totalideologie« sprechen – oder allgemein von »Denken« oder Bewußtsein, als seien sie »ideologisch« oder in gewisser Hinsicht einem bestimmten Volk einer Epoche oder auch einer Art eigentümlich — dies kaum jemals durchgängig tun. Sie nehmen gelegentlich eine extreme Position ein, um sie später wieder zu verlassen.

Ideologie im weitesten Sinne läßt sich, da sie alle Gedanken und Überzeugungen eines Volks umfaßt, nicht von einem nichtideologischen Denken unterscheiden. Doch man kann sie gegen die anderen gesellschaftlichen Tätigkeiten eines Volks absetzen; oder vielleicht sollte ich sagen: gegen andere Aspekte ihrer gesellschaftlichen Tätigkeiten, da alle gesellschaftlichen Tätigkeiten des Menschen Denken mit einschließen. Diese Unterscheidung ist, wie ich später zu zeigen hoffe, sehr schwer zu treffen – vielleicht unmöglich –, es sei denn in einem ganz trivialen Sinn. Selbst diejenigen, die sich daran versuchen, räumen gelegentlich ein, sie sei eigentlich nicht zu treffen, und beharren dennoch darauf, sie zu treffen. Oder sie sprechen zuweilen so, als sei der Unterschied so offensichtlich, daß eine bloße Erwähnung bereits verständlich sei, und dann wieder so, als sei er nicht zu erkennen.

Marx unterschied, wie jeder Marxismusforscher weiß, gesellschaftliches Sein von Bewußtsein und sagte von ersterem, es bestimme das Bewußtsein und nicht umgekehrt. Außerdem unterschied er unter den gesellschaftlichen Tätigkeiten des Menschen einen materiellen Unterbau von einem ideologischen Überbau, wobei er abermals sagte, jener bestimme diesen. Man könnte vorbringen, Marx habe nicht eine Unterscheidung im Sinne gehabt, sondern zwei; nach seiner Ausdrucksweise sei gesellschaftliches Sein nicht gleichbedeutend mit dem materiellen Unterbau, ebensowenig wie Bewußtsein mit dem ideologischen Überbau. Auch ließe sich mit möglicherweise nicht weniger Bekräftigung durch die Texte behaupten, er habe nur eine Unterscheidung im Sinn gehabt: zumindest manchmal habe er so gesprochen, als seien Bewußtsein und Ideologie dasselbe. Glücklicherweise brauchen wir, da unser Thema die Ideologie und nicht der Marxismus ist, die Stichhaltigkeit dieser Argumentationen nicht zu erörtern. Es kann — oder auch nicht — irgendwo in Marx' Schriften die Vorstellung einer »Totalideologie« oder die Lehre impliziert sein, daß alle Gedanken und Überzeugungen nur unter einem bestimmten »Gesichtspunkt« bedeutsam oder wahr seien. Es genügt festzustellen, daß einige der Theoretiker, die der Verkündung einer solchen Lehre am nächsten kommen – obwohl es keiner unzweideutig tat, der Meinung sind, sie folgten damit Implikationen in den Äußerungen Marx'.

Diese Theoretiker zögern sämtlich, jene Lehre unbedingt aufzustellen. An irgendeinem Punkt ihrer Argumentationen schließen sie die abstraktesten Gedanken (jene, mit denen Logiker und Mathematiker operieren) aus der Anzahl der »kulturrelativen« aus, wie sie dies zuweilen formulieren. Alle übrigen Gedanken und Überzeugungen hängen vom »Gesichtspunkt« des Denkenden ab, und dieser Gesichtspunkt ändert sich, da er nur zum Teil durch die menschliche Physiologie und im übrigen durch die gesellschaftlichen Bedingungen bestimmt ist. Gesellschaftliche Bedingungen aber ändern sich fortwährend. Wie Marx es sagte, ohne freilich die ganzen Implikationen seiner Äußerung zu sehen: »Gesellschaftliches Sein bestimmt das Bewußtsein.« Alles Denken, so erklären jene Theoretiker, geschieht unter einem »Gesichtspunkt«, der (wie Marx richtig sah) ebensosehr gesellschaftlich wie physisch ist. Doch man kann fragen: Wenn die Theoretiker so weit gehen und dies sagen, woher dann ihr Zögern, zusammen mit den anderen, um das Maß voll zu machen, auch die Gedanken der Mathematik und der Logik mit aufzunehmen? Denn auch diese formalen Wissenschaften haben ihre Geschichte. Warum sollten nicht auch ihre Schlußfolgerungen »kulturrelativ« sein? Ich werde diese Frage in einem späteren Kapitel wieder aufgreifen.

Ideologie im engeren Sinn läßt sich natürlich von einem nicht-ideologischen Denken unterscheiden. So setzt man sie oft von dem sogenannten wissenschaftlichen Denken und ebenso von einem Denken ab, das zu vielen, wenn auch nicht allen Formen des alltäglichen praktischen Tuns gehört: zum Ackerbau, zum Betreiben von Handwerk oder Handel, zur Arbeit und zur Freizeit innerhalb der Familie. Hier verläuft die Unterscheidung nicht zwischen Theorie und Praxis. Die Wissenschaften, die im Kontrast zur Ideologie stehen, sind Formen von Theorie. Rituale und Zeremonielle sind eher Praxis als Theorie, und dennoch sind die Gedanken, die sich darin ausdrücken oder ihnen Bedeutung verleihen, ideologisch. Und es gibt ein Gutteil an Zeremoniell im Alltagsleben. Die Sozialwissenschaften wurden, im Unterschied zu den Naturwissenschaften, häufig ideologisch genannt oder erhielten gleichbedeutende Namen, selbst wenn bekannt ist, daß ihre Vertreter sich ernsthaft bemühen, objektiv zu sein. Sie werden so von Leuten bezeichnet, die der Ansicht sind, Erklärungen sozialen Verhaltens seien unvermeidlich durch die gesellschaftliche Situation oder den Gesichtspunkt des Erklärens so beeinflußt, wie es die Erklärungen von Naturereignissen nicht seien. Überdies wirke die Sozialforschung auf das ein, was sie erforsche, wie es die Naturwissenschaft nicht tue; denn sie untersuche das menschliche Verhalten, und menschliches Verhalten werde tief durch die menschlichen Überzeugungen davon beeinflußt.

Benützt man das Wort im engeren Sinn, wird zugestanden, daß selbst Sozialwissenschaften nicht ideologisch sind oder sein müssen. Man gibt zu, sie seien mehr als die Naturwissenschaften ideologieanfällig und es falle bei ihnen weit schwerer als bei der Erklärung von Naturereignissen zu entscheiden, wo sie aufhören, wirklich wissenschaftlich zu sein, und ideologisch werden. Dennoch können sie prinzipiell (so wird behauptet) wissenschaftlich sein.

Einige Soziologen – etwa Karl Mannheim – waren der Ansicht, alle Erklärungen von Naturtatsachen und menschlichem Verhalten seien, soweit sie sich von derart rein formalen Disziplinen wie Logik und Mathematik unterschieden, »kulturrelativ«, und sie behaupteten dennoch, man könne bei diesen Erklärungen zwischen wissenschaftlichen und denen unterscheiden, die es nicht sind. Wo es definite, folgerichtige, brauchbare und allgemein angenommene Kriterien zur Prüfung von Wahrheit oder zur Falsifikation von Überzeugungen gebe, sei es möglich, Überzeugungen, welche die Prüfung bestehen, von denen zu unterscheiden, die es nicht tun. Es kann sein, daß die Naturwissenschaften dem Besitz solcher Kriterien näher sind als die Sozialwissenschaften; doch besteht prinzipiell kein Grund, warum diese nicht auch dorthin gelangen sollten. Die Naturwissenschaften erwarben ihre Kriterien allmählich. Sie besitzen keine unveränderlichen und werden sie zweifellos wieder ändern. Damit Wissenschaft möglich sei, bedarf es keiner Wahrheitskriterien, die sich nicht ändern; man benötigt nur definite, folgerichtige und brauchbare Kriterien, die in einer bestimmten Epoche oder in einer bestimmten Kultur von allen akzeptiert werden, die sie verstehen und anwenden können.

Dies bedeutet natürlich nicht, alle nichtwissenschaftlichen Überzeugungen seien ideologisch. Wie sich schon zeigte, müssen Überzeugungen, um ideologisch in diesem engeren Sinn zu sein, einer Gruppe von Menschen eignen, für diese Gruppe wichtige Angelegenheiten betreffen und in bestimmter Hinsicht in Beziehung zur Gruppe funktional sein: Sie müssen dazu dienen, sie zusammenzuhalten oder die für ihre Angehörigen charakteristischen Tätigkeiten und ihr Verhalten zu rechtfertigen. Auch ist damit nicht gesagt, daß keine wahren Überzeugungen ideologisch seien, denn auch sie können auf solche Weise funktional sein. Ideologisch werden Überzeugungen in dem augenblicklich erörterten Sinn dadurch, daß sie ein Überzeugungssystem bilden, das solcherart funktional wirkt und deshalb unbeschadet dessen akzeptiert wird, ob seine Einzelüberzeugungen das Wahrheitskriterium bestehen oder nicht. Solche Ideologien enthalten häufig falsche oder unverifizierbare, fast immer jedoch auch wahre Überzeugungen. Eine Ideologie ist nicht allein im Hinblick auf die in ihr enthaltenen falschen oder unverifizierbaren Überzeugungen »ideologisch«, denn sie ist »ideologisch« als ein ganzer Komplex von Überzeugungen, der dazu dient, eine Gruppe zusammenzuhalten oder ihre Tätigkeiten und ihr Verhalten zu rechtfertigen oder ihre Interessen zu fördern. Der Überzeugungskomplex bedarf keiner Theorie und ist auch gewöhnlich keine. »Ungebildete« Gruppen, die außerstande sind, Theorien zu entwickeln, können Ideologie besitzen. Der Soziologe, der diese Ideologie untersucht, kann vielleicht erklären, wie sich ihre Einzelüberzeugungen zu mehr oder weniger kohärenten Systemen zusammenschließen, doch jene Gruppen, um deren Ideologien es sich handelt, können es nicht.

In den restlichen Kapiteln suchen, diese verschiedenen Buchs werde ich weiter ver- erhellen und kurz einige der ständnisse von Ideologie zu die sich aus einer kritischen Prüzen Themen zu erörtern, die am ausführlichsten und untersc ergeben. Die Autoren, dem Wort »Ideologie« (und andechsten Gebrauch von machten, stellten sich diesen Fragen nizgleichbedeutenden) vielleicht nicht einmal bewußt. Sie benutzt waren sich ihrer das Wort sog- los, auch wenn sie es verwendeten, um etwas Neues und Wichtiges zu sagen.

2. DEUTSCHE PH…
DER IDEOLOGI…

Ideologie im weitesten Sinn trägt oft einen anderen … Was Marx entschieden, jedoch nicht klar, dem gesellschaftlichen Sein entgegensetzt, nennt er »Bewußtsein«, nicht »Ideologie«. Und obwohl er auch einen ideologischen Überbau von einem materiellen Unterbau unterscheidet, läßt er offen, inwiefern seiner Meinung nach sich dieser Überbau mit dem Bewußtsein deckt. Was das Bewußtsein, wie er es anspricht, offenbar mit dem zusammenfallen läßt, was andere »Totalideologie« nannten, ist seine Äußerung, es sei durch das gesellschaftliche Sein bestimmt. Andere sagten das gleiche über »Denken« oder »Erkenntnis« im allgemeinen. Diese Weise, über »Bewußtsein« oder »Denken« oder »Erkenntnis« zu sprechen, leitet sich aus der deutschen Philosophie ab — eigentlich aus einer Ehe zwischen Philosophie und Geschichte, wie sie in Deutschland geschlossen wurde. Das besagt: der Begriff der Ideologie im weitesten Sinn ging aus dieser Ehe hervor, ebenso die engeren Begriffe. Diese ganze Begriffsfamilie stammt aus den Versuchen deutscher Philosophen zu erklären, was Erkenntnis sei und wie sie entstehe.

Kant und Hegel

Das 18. Jahrhundert war in England und Frankreich das Zeitalter der empirischen Philosophie, und David Hume, der vielleicht bedeutendste Philosoph dieser Schule, war nahe daran, so vom Geist zu sprechen, als sei er lediglich ein bloßer Fluß von Sinneseindrücken samt deren schwachen Abbildern im Gedächtnis, die auf verschiedene Weise miteinander verbunden seien. Erkenntnis und Überzeugtsein bedeuten, solche Eindrücke und schwache Abbilder zu haben oder zu erwarten. So betrachtet, sind Erkenntnis und Überzeugungen keine Tätigkeiten; sie sind eher Ereignisse. Derart verstandener Geist ist nicht aktiver als ein Fluß, dessen Wasser sich in Richtung Meer bewegt. Diese Darstellung dessen, was zu Erkenntnis und Überzeugung gehört, ignoriert offenbar völlig eine im gewöhnlichen Sprechen über Erkenntnis und Überzeugung implizierte Unterscheidung: zwischen dem erkennenden oder überzeugten Subjekt und dem Objekt als dem Gegenstand von Erkenntnis und Überzeugung. Wovon man gewöhnlich so spricht, als seien es Akte eines beständigen Selbst mit vielen und unterschiedlichen Tätigkeiten – Akte des Vergleichens, des Feststellens, des Fragens, des Entscheidens und so fort –, wird auf die Weisen reduziert, wie Eindrücke und ihre schwachen Abbilder verbunden sind. Es sei nichts »im Geist«, was nicht in der Empfindung oder deren Spuren gegeben sei, und Dinge wie »Ursache« oder »Substanz«, die eindeutig keine Sinneseindrücke oder deren Spuren sind, werden auf bloße Gewohnheiten und aus der Erfahrung entwickelte Erwartungen reduziert.

Kant lehnte diese Darstellung der Erkenntnis und der Überzeugung ab, obwohl er Humes mutigen Versuch bewunderte, eine bestimmte Art des Empirismus zu ihrem logischen Abschluß zu führen. Erkenntnis, wie Kant sie verstand, ist wesentlich aktiv; zu ihr gehört die Bildung von Behauptungen oder Urteilen durch ein selbstbewußtes Wesen. Es umfaßt auch den Gebrauch logisch zusammenhängender Gedanken, die nicht durch Empfindungen gegeben und nicht auf Gewohnheiten oder Erwartungen zurückzuführen sind. Kant hielt sich nicht damit auf, die Entstehung dieser Grundgedanken zu erklären; es ging ihm mehr um den Nachweis, daß Behauptung und Urteil – nämlich Erkenntnis und Überzeugung im Unterschied zur bloßen Empfindung und zum gewohnheitsmäßig-unreflektierten Eingehen darauf – ohne sie unmöglich sei. Erkenntnis und Überzeugtsein bedeuten notwendig den Gebrauch dieser Gedanken, ihre Anwendung auf das durch Empfindungen Gegebene. Falls sich das so verhält, folgt daraus, daß die Grundgedanken nicht unwillkürlich erzeugt werden, denn es kann keine willkürliche Erzeugung von Gedanken geben, es sei denn durch Personen, die imstande sind, Urteile und Entscheidungen zu fällen, und ebendies bedeutet die Anwendung jener Gedanken. Diese Grundgedanken nannte Kant »Kategorien«; und er sagte von ihnen, sie seien *a priori*, weil wir nur durch ihren Gebrauch eine zusammenhängende Erfahrung, das Bewußtsein einer geordneten Welt und unseres Selbst als beständiger Personen innerhalb dieser Welt erlangen. Als Personen mit diesem Bewußtsein besitzen wir Erkenntnis und Überzeugungen im Unterschied zu einem bloßen Empfindungszufluß. Daß sie *a priori* sind, besagt nicht, daß wir sie als das erkennen, was sie sind, ehe wir sie dazu verwenden, um uns ein Bild der Welt zu schaffen. Denn Gedanken zu haben bedeutet, sie für Behauptungen zu verwenden, wenn auch zuweilen nur für einen selber, und auch Entscheidungen zu treffen, die – falls sie wirklich Entscheidungen sind und nicht einfach unreflektierte Reaktionen auf Anregungen – auf Behauptungen oder Urteilen, auf der Erkenntnis von Situationen beruhen.

Kant war, wie andere Philosophen vor ihm, der Auffassung, das in der Empfindung Gegebene sei die Folge aus der Einwirkung eines außerhalb von uns Befindlichen auf unsere Sinnesorgane, und wir hätten keine Garantie für die Ansicht, daß etwas, das sich »außerhalb« des Geistes befinde, so aussieht wie die vom Geist erfahrenen Eindrücke. Wären unsere Sinnesorgane anders, sähen auch die Ergebnisse »innerhalb« des Geistes durch die Einwirkung äußerer Objekte auf ihn anders aus. So unterschied Kant zwischen Dingen, wie sie uns erscheinen: den Produkten unserer auf Sinneseindrücke angewandten Gedanken und den Dingen, wie sie in sich selber sind; zwischen der *phänomenalen* und der *noumenalen* Welt; zwischen der Welt, wie wir sie kennen, und der Welt, wie sie jenseits unserer Erkenntnisgrenzen ist. Außerdem unterschied er aus Gründen, die wir nicht zu erörtern brauchen, das phänomenale von dem noumenalen Selbst. Er argumentierte nicht, wie es andere Philosophen versuchten, Selbsterkenntnis sei einzigartig bevorzugt als die Erkenntnis des Selbst, wie es wirklich ist.

Die Welt, wie wir sie kennen, ist die Welt, wie sie uns notwendig erscheint. Es liegt nicht in unserer Wahl, daß sie so erscheint, wie sie es tut. Und dennoch ist sie auch in gewissem Sinn eine von uns gemachte Welt. Unsere Sinneseindrücke sind »in unserem Geist«, auch wenn sie die Auswirkungen dessen sind, was uns äußerlich ist; und wir sind es, die die phänomenale Welt erzeugen, indem wir unsere Gedanken darauf anwenden. Wir schaffen diese Welt der Erscheinungen, nicht wie Gott, nach Ansicht einiger Theologen, die wirkliche Welt schafft; wir konzipieren sie nicht erst und verwirklichen sie dann. Dennoch ist sie das Produkt unserer Tätigkeiten: wie wir unsere Gedanken auf unsere Empfindungen anwenden.

Wesen mit anderen Sinnesorganen als den unseren empfingen andere Sinneseindrücke, und es ist zumindest vorstellbar, daß sie, falls sie rationale Wesen wären, falls sie die Erkenntnis einer geordneten Welt erlangen könnten, dafür Grundideen oder Kategorien verwendeten, die sich in gewisser Hinsicht von den bei Kant erörterten unterschieden. Kant hielt sich nicht damit auf, diese Möglichkeit zu erwägen, und ich weiß nicht, ob er meinte, seine Kategorien gehörten notwendig zur zusammenhängenden Erfahrung einer Welt oder nur zur menschlichen Erfahrung. Aber er betrachtete unsere phänomenale Welt als eine feststehende, unveränderliche: als die Welt, wie sie notwendig solchen Wesen wie uns erscheint. Es ist die Welt, wie sie den Menschen allerorts und jederzeit erscheint. Bekanntlich weichen jedoch die menschlichen Theorien und Überzeugungen über diesen oder jenen Aspekt der Welt erheblich voneinander ab und stimmen nicht zueinander. Daraus scheint also zu folgen, daß diese sämtlichen Theorien und Überzeugungen ein und dasselbe grundlegende Weltbild voraussetzen. Falls sie sich nur untereinander widersprechen, können sie alle einen Sinn ergeben, obwohl einige falsch sein müssen; doch wenn eine nicht mit diesem Grundbild übereinstimmt, ergibt sie keinen Sinn. Da Kant annahm, seine Kategorien gehörten zu jeglichem menschlichen Denken über die Welt, erklärte er nicht, wie es kommt, daß wir sie besitzen. Er fragte nicht, ob und in welchem Maß sie durch unsere Bedürfnisse und gesellschaftlichen Bedingungen beeinflußt sind. In seiner Philosophie findet sich nichts, das Marx' Unterscheidung zwischen gesellschaftlichem Sein und Bewußtsein entspräche.

Hegel hielt es für absurd, eine phänomenale Welt, die wir kennen können, eine Welt der Erscheinungen, von einer noumenalen Welt von Dingen zu unterscheiden, wie sie wirklich jenseits unserer Erkenntnisgrenzen ist. Es ergebe nur einen Sinn, zwischen dem Erscheinenden und dem Wirklichen zu unterscheiden, wenn das Wirkliche erkennbar sei, denn wir könnten das nur Erscheinende nicht als das wahrnehmen, was es ist, solange wir sein Wesen, wie es ist, nicht erklären könnten. Aber sein Wesen zu erklären, wie es ist, bedeutet zu erklären, wie und unter welchen Bedingungen Dinge, die wirklich sind, dazu kommen, so auszusehen, wie sie es tun. Das Wirkliche und das Erscheinende gehören einer einzigen Welt an, und Erscheinungen zu verstehen, heißt verstehen, wie sie in dieser Welt entstehen.

Nur zu sehr akzeptierte Hegel Kants Überzeugung, daß Erkenntnis nicht passiv, sondern aktiv sei; er erweiterte sie und ging darüber hinaus. Anders als Kant bestand er darauf, daß Erkenntnis wesentlich das Produkt einer Mehrzahl von Geistern sei. Die Gedanken, die dazu dienen, ein zusammenhängendes Weltbild zu erwerben, entstehen nicht getrennt in jedem einzelnen Geist; sie sind wesentlich allgemein. Sie bilden ein Gedankensystem, das ein gemeinsames Erzeugnis und ein gemeinschaftliches Erbe ist. Auch bleibt das System nicht unverändert; es verändert sich im Lauf der Geschichte von Epoche zu Epoche. Hegel sah, anders als Kant, in der Erkenntnis das Produkt menschlicher Beziehungen und der Geschichte; doch indem ich diesen Vergleich zwischen Hegel und Kant ziehe, möchte ich nicht andeuten, daß Kant, vor die Frage gestellt, etwas Absurdes in der Richtung geäußert hätte, jeder Mensch erwerbe sein Weltbild unabhängig von allen anderen, und die Ansichten aller glichen sich nur, weil sie die gleichen Sinnesorgane hätten und dieselben Grundgedanken verwendeten. Ich sage damit nur, Kant habe bei der Entwicklung seiner Erkenntnistheorie fast keine Rücksicht auf menschliche Beziehungen und Geschichte genommen, während sie Hegel weithin in Betracht zog. So bestand er etwa darauf, daß die Selbsterkenntnis und die Erkenntnis anderer zusammen wüchsen, daß das Bild, das jemand von sich selber habe, davon abhänge, wie ihn andere sehen und wie er sie sieht. Er erkannte auch den Umstand, daß die Sprache als das System von Begriffen, das die Menschen zur Beschreibung und Erklärung von Dingen und Ereignissen benutzen, das Ergebnis aus dem Umgang des Menschen mit seinen Mitmenschen ist. Das Ausmaß, in dem Hegel Erkenntnis als Produkt menschlicher Beziehungen ansah, wurde wegen seiner Metaphysik weniger wahrgenommen, als es hätte geschehen sollen. Er begriff die Wirklichkeit als einen Prozeß, in dem sich der »absolute

Geist« für sich selber enthüllt, sein Wesen erkennt, wirklich wird, was er der Möglichkeit nach ist, und Selbsterkenntnis erlangt, indem er sich als eine Welt projiziert, die er zunächst als sich äußerlich und von ihm unabhängig nimmt und die er schließlich als sein eigenes Produkt erkennt. Diese Konzeption von Wirklichkeit ist kühn, aber dunkel und schon (wie argumentiert wird) aus logischen Gründen unannehmbar. Doch ihre Stichhaltigkeit ist nicht unser Problem. Hier kommt es nur darauf an, daß Hegel von seinem »absoluten Geist« dachte, er enthülle sich in der Totalität der Dinge und daher auch in den gesellschaftlichen und kulturellen Errungenschaften der Menschheit. Ja, er dachte von ihm, er offenbare sich auf seinen höheren Ebenen, denen des Bewußtseins und der Vernunft, in diesen Errungenschaften, und um diese Ebenen geht es jetzt. Geist, wie ihn Hegel dachte, ist nicht etwas, das abseits vom Gang der Ereignisse und Tätigkeiten existiert, die sein Wesen enthüllen; er steht zu seinen Manifestationen nicht im Verhältnis von Ursache und Wirkung. Er ist keine unverkennbare Wirklichkeit hinter der bekannten Welt der Erscheinungen. Zu verstehen, wie es zu Erscheinungen kommt, wie sie sind, bedeutet, Realität als sie selber zu kennen. Geist ist auf den Ebenen von Bewußtsein und Vernunft keine Kraft außerhalb der Menschen, die sie dazu bewegt, sich so zu verhalten, wie sie es tun; auf diesen Ebenen existiert er nur in ihren gesellschaftlichen und kulturellen Errungenschaften. Seine Errungenschaften sind ihre Errungenschaften, und diese sind wesentlich diejenigen gesellschaftlicher Wesen, einbezogen in einen Ablauf von Veränderungen. Wirklichkeit zu erkennen bedeutet, den Prozeß zu verstehen, in dem der Geist sich offenbart; und den Prozeß zu verstehen bedeutet, den Ort jeder seiner Phasen zu verstehen, wie aus jeder Phase die nächste hervorgeht und wie alle zusammen den Gang des Geistes bilden, die Verwirklichung seiner Möglichkeiten. Umgekehrt bedeutet das Verständnis für einen Teil oder eine Phase des Prozesses zugleich die Einsicht, wie sie mit Notwendigkeit eben jenen Platz in dem Prozeß einnimmt.

Der Geist bewegt sich fortschreitend zur Selbsterkenntnis hin – oder, mit anderen Worten, zu einem Verständnis der Welt (sowohl der »natürlichen« wie der kulturellen Welt als der spezifisch menschlichen) als seiner Selbstoffenbarung. Daraus, daß der Geist auf den Ebenen von Bewußtsein und Vernunft sich in den Errungenschaften der Menschheit, in der Welt der Kultur offenbart, ergibt sich, daß sich auch die Menschheit fortschreitend auf ein volles Verständnis der Welt und ihrer Stellung darin zubewegt. In früheren Phasen der menschlichen Entwicklung besitzen die Menschen Illusionen über die Natur, über die Gesellschaft und über den Menschen. In späteren Phasen gelangen sie dazu, diese Illusionen als das zu verstehen, was sie sind. Mehr noch: Sie kommen zu der Einsicht, wie diese Illusionen notwendig entstanden, als sie auftraten, und wie sie später notwendig entlarvt wurden. Das Verständnis für den Prozeß gesellschaftlicher und kultureller Veränderung, für einen Prozeß, der aus den Tätigkeiten der darin verwickelten Wesen besteht, wächst mit dem Fortgang des Prozesses. In früheren Phasen gibt es keine Wahrnehmung eines Prozesses. Die Menschen meinen, ihre Umgebung – der gesellschaftliche Teil nicht weniger als der natürliche – sei unveränderlich. Der Sinn für Geschichte fehlt ihnen; sie nehmen als gegeben, daß ihre Vorfahren wie sie selber fühlten, dachten und sich verhielten und daß ihre Nachkommen ihnen glichen. Ihr Verständnis ihrer selbst und ihrer Umgebung ist unvermeidlich fehlerhaft und von Illusionen getragen, denn sie wissen nicht, daß das, was sie für unveränderlich halten, sich notwendig ändert. Später jedoch erkennen sie es; sie sehen ein, daß es eine Abfolge von Veränderungen gibt, in die sie einbezogen sind, einen Prozeß, in dem ihre Lebensweise und daher sie selber durch ihre eigenen Tätigkeiten verwandelt werden.

Obwohl Hegel von der natürlichen Welt ebenso wie von der menschlichen als einer Projektion des Geistes spricht, interessiert ihn doch vor allem die menschliche Welt, die der Kultur. Seine Philosophie hat zu unserem Naturverständnis nichts hinzugefügt, doch viel zu unserem Verständnis des Menschen und der Gesellschaft. Der Geist auf den Ebenen von Bewußtsein und Vernunft ist in den Tätigkeiten eines wesentlich gesellschaftlichen und fortschrittlichen Wesens manifest; nämlich eines Wesens, das sich nur seiner Art gemäß verhält, wenn es mit anderen Wesen derselben Art zusammenlebt und durch seinen Umgang mit ihnen gebildet wird. Die Welt der

Kultur, die Welt, in der sich der Mensch auf bezeichnend menschliche Weise verhält, besteht nicht nur aus menschlichen Tätigkeiten, sondern ist auch deren Produkt. Wie sich diese Welt verändert, ist dadurch bestimmt, was sie ist: Aus einer Gesellschaftsordnung, einer Kultur, wird eine neue geboren.

So finden wir im Zentrum von Hegels Philosophie den Begriff der Geschichte als eines Prozesses, in dem die Menschheit durch ihre eigenen Unternehmungen gebildet und erzogen wird, so daß das Mögliche im Menschen wirklich wird und die Erfahrung eines selbstbewußten und reflektiven Wesens zu Selbsterkenntnis und Selbstbeherrschung führt. Ebenso wie der Geist seine Möglichkeiten in einer Welt verwirklicht, die er allmählich als eine Welt seiner eigenen Tätigkeiten, als eine Projektion seiner selbst erkennt, erzieht sich auch der Mensch und lernt, sich auf spezifisch menschliche Weise zu verhalten, nämlich durch Tätigkeiten, die eine gesellschaftliche und moralische Ordnung, eine kulturelle Welt schaffen. Einzig in dieser Welt kann er sich als ein selbstbewußtes und rationales Wesen verhalten. Es könnte keine gesellschaftliche und moralische Ordnung, keine kulturelle Welt geben, wenn keine potentiell sebstbewußten und rationalen Wesen vorhanden wären, doch gleicherweise könnten sich solche Wesen nicht ihrer Art gemäß verhalten, lebten sie nicht in einer solchen Welt (oder hätten sie nicht darin gelebt). Und ebenso wie der Geist, indem er sich als Welt projiziert, sich dessen zunächst nicht bewußt ist, so weiß die Menschheit anfänglich nicht, daß die gesellschaftliche und moralische Ordnung, die kulturelle Welt, in der Menschen als Menschen leben, ihr eigenes Produkt ist.

Hegel unterscheidet für jede Phase des Prozesses, in dem der Geist sich selber offenbart, den Geist, wie er sich selber in jener Phase erscheint, von dem Geist, wie er wirklich ist – oder entsprechend Menschen, wie sie sich selber erscheinen, von Menschen, wie sie wirklich sind. Er unterscheidet in seiner Terminologie Geist, wie er *für sich* ist, von Geist, wie er *an sich* ist, und denkt ihn so, daß er sich schrittweise auf einen Zustand hinbewegt, in dem das, was er für sich ist, mit dem zusammenfällt, was er an sich ist: ein Zustand, in dem alle Illusionen ausgetrieben sind und Geist sich als das erkennt, was er ist. Wie Geist sich selber erscheint, ist nicht nur eine Auswirkung dessen, was er ist, denn er könnte sich nicht auf die für eine bestimmte Phase seiner Entwicklung eigentümliche Weise verhalten, wenn er sich nicht in jener Phase so erschiene, wie er es tut.

Hegel sprach nicht, wie das Marx dann tat, von »gesellschaftlichem Sein« und »Bewußtsein«, aber er sprach von »objektivem« und »subjektivem Geist«. Objektiver Geist besteht aus gesellschaftlichen Regeln, Institutionen und konventionellen Verhaltensweisen, welche die Menschen vollführen müssen oder sollten; subjektiver Geist besteht in Denk- und Empfindungsweisen, in Bewußtseinshaltungen. Subjektiver und objektiver Geist beeinflussen einander, und keiner könnte ohne den anderen bestehen. Wenn Menschen imstande sein sollen, in einer Gesellschaft zusammenzuleben, wenn es dauerhafte Beziehungen zwischen ihnen geben soll, wenn sie fähig sein sollen, Absichten zu entwickeln und sie auszuführen, muß es offenbar ein beträchtliches Maß an Harmonie zwischen subjektivem und objektivem Geist geben. Doch diejenigen Menschen, die sich irgendwann oder irgendwo auf konventionelle Weisen verhalten, sehen vielleicht nicht, wie diese Weisen zusammenwirken, um eine Gesellschaftsordnung zu bilden. Ihre Überzeugungen darüber beschäftigen sie möglicherweise nur am Rande, manche davon reine Phantasien, und dienen vielleicht eher dazu, Hoffnungen und Ängste zu äußern, als die Tatsachen zu erklären. Ihre Überzeugungen und Verhaltensweisen können sich in gewissem Grad mit etablierten Verhaltensmustern reiben. Ja, Hegel sagt, sie könnten es nicht nur, sondern sie müßten es. Geist auf der Ebene von Bewußtsein und Vernunft ist sowohl aktiv wie reflektiv. Anders gesagt: Sein Fortgang ist dialektisch; Spannungen oder »Widersprüche« entstehen zwischen seinen verschiedenen Aspekten, und ihre Auflösung, die ein Werk des Geistes ist, erhebt ihn auf eine höhere Ebene und zu einer volleren Enthüllung seines Wesens, indem sie ihn näher an Selbsterkenntnis und Selbstbesitz heranbringt, wo er *für* sich ist, was er *an* sich ist. Oder wenn wir alles Reden von Geist aufgeben und nur von der Menschheit sprechen, können wir sagen: Der Fortschritt der Menschheit geschieht dialektisch: Zwischen den verschiedenen Aspekten menschlicher Tätigkeit kommt es zu Spannungen, und deren Auflösung, die eine menschliche Leistung darstellt, führt die Menschheit auf eine höhere Ebene, nämlich auf eine solche, welche die Menschen näher an ein volles Verständnis und an die Beherrschung ihrer Umwelt heranführt, zumal an jenen Teil darin, der aus ihren eigenen gesellschaftlichen Tätigkeiten besteht.

Mensch, Gesellschaft, Geschichte

Selbst wenn man Hegels Begriff der Wirklichkeit als des sich selbst verwirklichenden Geist ablehnt, bleiben bei ihm noch immer Gedanken über Mensch und Gesellschaft und über den Gang der Geschichte, die sich akzeptieren lassen: Wichtige Gedanken, die für Hegel, aber nicht für uns, logisch mit jenem Begriff verknüpft erscheinen. Man kann ihm darin zustimmen, daß wesentlich menschliche Fähigkeiten (jene, die den Menschen von anderen Lebewesen unterscheiden) in den Menschen durch deren eigene Tätigkeiten entwickelt wurden; daß diese Tätigkeiten die gesellschaftliche Ordnung sowohl konstitutieren wie auch verändern; daß dies für primitive wie für entwickelte Gesellschaften gilt, obwohl sich die Menschen in primitiven Gesellschaften dessen nicht bewußt sind. Wir können auch, unter später darzustellenden Vorbehalten, die Unterscheidung annehmen, die Hegel zwischen objektivem und subjektivem Geist traf, zwischen konventionellen Verhaltensweisen auf der einen und Überzeugungen, Empfindungen und Einstellungen auf der anderen Seite. Nur selbstbewußte und rationale Wesen können Konventionen im Unterschied zu bloßen Gewohnheiten haben, und sie müssen sie besitzen, um die ihnen eigentümlichen Fähigkeiten zu entwickeln. Konventionelle Verhaltensweisen sind Produkte derselben Tätigkeiten, durch die Menschen die Fähigkeit erwerben, zu denken und sich selber zu Denkinhalten zu werden. Menschen können nur rational handeln, weil sie ihre Ziele zu definieren und sie bewußt zu verfolgen vermögen, was sie nicht könnten, verfügten sie nicht über die Sprache, ein gesellschaftliches Erzeugnis; und jedenfalls besitzen viele ihrer Ziele keine Bedeutung, es sei denn im Zusammenhang einer Gesellschaftsordnung. So verstanden, gehören objektiver und subjektiver Geist bei aller Unterscheidbarkeit zusammen, keiner könnte ohne den anderen existieren. Dennoch entstehen Spannungen zwischen ihnen, und wenn sie aufgelöst werden sollen, muß die Auflösung das Werk eben der Wesen sein, in deren Leben sie Aspekte darstellen. Daher können auch, ob sie nun die Form von Theorien annehmen oder nicht, die menschlichen Überzeugungen über die Gesellschaftsordnung – oder über die Welt im allgemeinen – falsch oder phantastisch und doch eng mit dieser Gesellschaftsordnung verknüpft sein, mögen sie diese nun rechtfertigen oder auch untergraben.

Hegels Unterscheidung zwischen objektivem und subjektivem Geist entspricht in gewissem Grad derjenigen, die Marx später zwischen gesellschaftlichem Sein und Bewußtsein treffen sollte. Doch die Übereinstimmung ist alles andere als vollständig. Hegel wendet das Wort Geist auf beide Dinge an, die er einander gegenüberstellt; Geist ist ebenso in Institutionen manifest wie in den Überzeugungen und Empfindungen von Individuen. Institutionen sind nur konventionelle Verhaltensweisen, und konventionelles Verhalten beinhaltet nicht weniger als andere Verhaltensarten den Gebrauch von Gedanken. Man kann zweifellos zwischen dem unterscheiden, was konventionelles Verhalten anzeigt, wie es gedeutet wird, den Überzeugungen und Empfindungen, die es (ehrlich oder nicht) ausdrückt, und dem, was jemand wirklich meint und fühlt, wenn er sich konventionell verhält. Man kann ebenso unterscheiden (und das ist ein völlig anderer Unterschied) zwischen dem, was konventionelles Verhalten anzeigt, und anderen Überzeugungen und Empfindungen, die zwar von ihm beeinflußt, aber doch von ihm getrennt sind. Vielleicht hatte Hegel, als er objektiven und subjektiven Geist einander gegenüberstellte, diese beiden Unterscheidungen undeutlich im Sinn. Die Linie, die er zwischen den beiden Aspekten von Geist zieht, ist nicht deutlich, doch zumindest macht er durch seine Terminologie klar, daß jede Art gesellschaftlicher Tätigkeit »Bewußtsein« in sich schließt; nämlich eine Art von Denken, wie sie nur Wesen möglich ist, die Gedanken verwenden.

Es wäre ungerecht Marx gegenüber, wollte man so tun, als habe er das jemals ausdrücklich geleugnet. Im Gegenteil: er war oft nahe daran, es zu sagen, und häufiger noch implizierte er es. Dennoch ist seine Unterscheidung zwischen gesellschaftlichem Sein und Bewußtsein schief und irreführend. Buchstäblich genommen, legt sie nahe, daß es Formen der gesellschaftlichen Tätigkeit gebe, die keinen Gebrauch von Ideen in sich schließen. Es ist unwahrscheinlich, daß Marx dies jemals andeuten wollte: daß nämlich irgendeine Art echter gesellschaftlicher Tätigkeit nur instinktiv und gewohnheitsmäßig sein könne. Gewiß, diese Annahme steht im Widerspruch zu seiner Vorstellung vom Menschen als einem *wesentlich* gesellschaftlichen Wesen, das allein durch menschliche Beziehungen die Fähigkeit entwickelt, sich auf spezifisch menschliche Weise zu verhalten. Und trotzdem gibt seine Unterscheidung zwischen gesellschaftlichem Sein und Bewußtsein zu verstehen, das Bewußtsein schließe alle geistigen Operationen ein, die den Gebrauch von Ideen beinhalten. Es sagte beispielsweise, gesellschaftliches Sein bestimme das Bewußtsein, werde aber nicht von ihm bestimmt. Die Kommentatoren sind sich nicht einig, was er mit dem Wort »bestimmen« meinte, doch seine Benutzung scheint dem gesellschaftlichen Leben eine Art Vorrang vor dem Denken in welcher Form auch immer zuzuschreiben. Marx' Überzeugung von diesem Vorrang trennt ihn, wie man annimmt, so sehr wie nur etwas von Hegel.

Wir könnten einige der Schwierigkeiten in der Position Marx' vermeiden (und zugleich den Abstand zwischen ihm und Hegel verringern), wenn wir gesellschaftliches Sein so definierten, daß es nicht alle, sondern nur einige Arten des Denkens ausschließt. Wir brauchen nicht im einzelnen zu erörtern, wie das geschehen könnte; für unseren Zweck genügt das Eingeständnis, daß es möglich ist. »Gesellschaftliches Sein« bestände dann aus Tätigkeiten, die das Denken ein-, aber gewisse Arten von Überzeugungen und Empfindungen ausschließt: jene, die »Bewußtsein« im Unterschied zu gesellschaftlichem Sein konstituieren. Dann könnten wir für »gesellschaftliches Sein« behaupten, es sei in bezug auf »Bewußtsein« *vorgängig* oder *fundamental*, indem es dieses auf Weisen beeinflußt, wie es von ihm nicht beeinflußt wird, oder indem es dieses in Wert größerem Ausmaß beeinflußt. Falls wir dies tun, bringen wir uns natürlich in Schwierigkeiten, die Marx vermied. Aber es wäre der Mühe selbst dann wert, wenn wir danach auf Marxisten stießen, die uns prompt erklärten, wir wiederholten nur, was Marx bereits mit wenigen Worten gesagt habe. (Der Vorwurf der Umständlichkeit dort, wo Marx konzis war, wäre sicher der unfreundlichste aller Hiebe.)

Obwohl Hegel nichts davon sagt, daß »gesellschaftliches Sein« das »Bewußtsein« bestimme, und obwohl er nicht von »Ideologie« spricht, nimmt der Gedanke eines Weltbildes oder einer »Weltanschauung« breiten Raum in seiner Philosophie ein. Die Gedanken, die Menschen benutzen, um die Welt und sich selber in ihrer Beziehung dazu zu beschreiben, sind nicht angeboren und unveränderlich, sondern Erzeugnisse der menschlichen Beziehungen und der Geschichte. Oder sie sind, wie Hegel es sieht, eigentlich Erzeugnisse des Geistes auf den Ebenen, wo er in den Tätigkeiten endlicher rationaler Wesen manifest wird. Falls wir dann den Hegelschen Begriff des Geistes aufgeben, bleiben uns die Tätigkeiten solcher Wesen – genauer: von Menschen, den einzigen uns bekannten Wesen dieser Art. Doch Gedanken und Institutionen sind nicht auf die Weise Erzeugnisse menschlicher Tätigkeit wie Tische und Stühle oder auch Kunstwerke; sie werden nicht willkürlich zum Gebrauch hergestellt, noch sind sie willkürliche Versuche des Selbstausdrucks. Oder zumindest sind es nur einige, denn Menschen müssen, wie sich gezeigt hat, bereits ein Gedankensystem, eine Sprache haben, ehe sie Gedanken erfinden können. Ein Gedankensystem ist das unwillkürliche Erzeugnis einer Gemeinschaft von Personen, und es verändert sich mit der Zeit; für jeden einzelnen Menschen freilich ist es natürlich nicht sein eigenes Erzeugnis, sondern ein kulturelles Erbe, das er von anderen erwirbt, und in jedem Fall erwirbt er nur einen Teil davon.

Das Verständnis dafür, wie Gedanken und Institutionen aufkommen, wie sie sich aufeinander beziehen, wie sie sich ändern, tritt erst nach ihrem Erscheinen auf. Nur ein zum Gebrauch von Gedanken befähigtes Wesen – also ein rationales – kann Beschreibungen und Erklärungen anfertigen, kann Ziele entwickeln und sie bewußt verfolgen, wobei es einige den anderen voranstellt, und kann sich selber als ein rationales Wesen unter anderen derartigen Wesen, als ein Mitglied

einer Gemeinschaft, als einen Teil von Welt wahrnehmen. Nur ein rationales Wesen kann eine »Weltanschauung« haben; und es hat in der Tat stets eine, denn eine Vorstellung von Welt, einer Ordnung von Dingen, ist immer in einem Gedankensystem, einer Sprache impliziert und daher auch eine Vorstellung von dem Platz, den das gedankenbenutzende Wesen in jener Welt einnimmt. Wer Gedanken hat, hat auch eine Sprache, denn Gedanken sind sinnlos – ja nicht einmal eigentlich Gedanken –, es sei denn als Teile eines Systems. Einer mag eine dürftige Sprache haben, dennoch ist sie ein Gedankensystem. Eine »Weltanschauung« braucht kein richtiges Bild der Welt zu sein, und die Menschen, die sie haben, brauchen sie nicht beschreiben zu können. Sie ist vielleicht nur in ihrer Sprechweise und ihren sämtlichen Verhaltensweisen implizit, die auf Denken beruhen. Das besagt: Man kann nicht selbstbewußt und rational sein, solange man nicht Gedanken zu gebrauchen vermag, aber man muß nicht imstande sein, eine zutreffende Beschreibung jenes Bildes zu geben, will man zum Gebrauch von Gedanken befähigt sein. Ja, in Hegels Philosophie ist – wie mir wenigstens scheint – impliziert, daß man keine wahre Beschreibung des Bildes geben kann, wenn es nicht ein wahres Bild ist. Anders gesagt: Man kann nicht zutreffend erklären, wie man die Welt versteht, solange man sie nicht so versteht, wie sie wirklich ist. Wenn man also philosophiert, wenn man Theorien zur Erklärung der Welt aufstellt und diese Theorien falsch sind, hat man Illusionen, nicht nur hinsichtlich der Welt, sondern auch hinsichtlich seiner Theorien. Hat man ein unvollständiges Verständnis der Welt, hat man auch ein unvollständiges Verständnis der Gedanken, die man benutzt, um sie zu beschreiben und zu erklären und zweckvoll in ihr zu handeln.
Hegel und auch Marx, der für seinen Ideologiebegriff Hegel viel verdankt, waren davon überzeugt, daß die Menschheit Fortschritte in Richtung auf ein volles Verständnis ihrer Umwelt und ihrer selbst mache und damit auch in Richtung auf einen Zustand, in dem sie, im Licht dieses Verständnisses, erreichbare Ziele aufstellen kann. Nach den Terminologie Hegels bewegt sich der Geist auf einen Zustand zu, in dem er aufhört, sich selber undurchsichtig, sich selber entfremdet zu sein und sich selber zu täuschen. Doch der Fortschritt des Gei-

stes, wie ihn Hegel verstand, ist auch ein Fortschritt des Menschen. Und Marx sprach natürlich nur von menschlichem Fortschritt. Er sah die Menschheit sich auf einen Zustand zubewegen, in dem die Menschen schließlich die gesellschaftliche Ordnung und die kulturelle Welt verstehen lernen, die die Erzeugnisse ihrer vergangenen Tätigkeiten, des Geschichtsablaufs sind und aus ihren gegenwärtigen Tätigkeiten bestehen. Wenn sie endlich diesen Zustand erreichen, werden sie die Freiheit erlangen; sie werden sich selber, ihre Ziele und ihre Umwelt verstehen. Sie werden nicht mehr durch eine Gesellschaftsordnung eigener Machart frustriert, die sie nicht verstehen und nicht beherrschen, und sind keine Opfer ihrer Illusionen über jene Ordnung und sich selber – einer Ideologie im Sinn falschen Bewußtseins. Ihr Fortschritt ist *dialektisch,* weil er die Form von Spannungen oder Widersprüchen zwischen verschiedenen Aspekten ihres Lebens annimmt, von Widersprüchen, die nur sie allein auflösen können und deren Auflösung sie voranbringt in Richtung auf den Zustand, in dem sie nicht mehr durch ihre Tätigkeiten und Gedanken frustriert und getäuscht werden. Er ist dialektisch, weil er Selbstfrustration und Selbsttäuschung einschließt und sie ebenso überwindet; weil er aus einer ihrer Art eigentümlichen Fähigkeit hervorgeht, derjenigen nämlich, Gedanken zu benutzen und Ziele aufzustellen, was unvermeidlich dazu führt, daß sie sich selber frustrieren und täuschen, zugleich aber garantiert, daß sie schließlich die selbstauferlegte Last abschütteln.

Hegel und Marx, die beiden Denker, denen wir vor allem den Begriff der Ideologie verdanken, wie wir ihn heute verwenden, glaubten an eine Art dialektischen Fortschritts, den jeder von beiden auf seine Weise verstand. Dennoch ist der Begriff (oder, genauer, die Begriffsfamilie), wie wir ihn heute haben, nicht logisch mit diesem Fortschrittsglauben verknüpft. Man kann den Glauben ablehnen und den Begriff behalten. Ja, der Begriff ist unentbehrlich, auch wenn man ihn vielleicht unter einem anderen Namen benutzt.

3. DAS DENKEN UND SEINE GESELLSCHAFTLICHEN BEDINGUNGEN

Obwohl Hegel objektiven von subjektivem Geist unterschied, tat er es nie zwischen »gesellschaftlichem Sein« oder sozialen Bedingungen und »Bewußtsein« oder Denken; oder zwischen Gedanken allgemein und Ideologie in der weitesten Wortbedeutung. Es war Marx, der, falls er nicht als erster diese Unterscheidung traf, doch als erster viel aus ihr machte, auf ihr als auf einem Schlüssel zum rechten Verständnis der Gesellschaft und des Menschen als eines gesellschaftlichen Wesens bestand. Marx' Behauptung, gesellschaftliches Sein bestimme das Bewußtsein, ist die vielleicht am häufigsten zitierte, zumindest von Soziologen. Sie ist bei ihnen weit beliebter als seine Unterscheidung zwischen dem »materiellen Unterbau« der Gesellschaft und dem »ideologischen Überbau«. Die Wissenssoziologen, die Gedanken, Überzeugungen und Theorien in bezug auf die sozialen Bedingungen studieren, unter denen sie aufkommen, sich weit verbreiten oder aufgenommen werden, sind besonders davon beeindruckt. Marx hatte, wie sie (oder wenigstens einige von ihnen) sehen, nie einen glücklicheren Einfall als bei der Formulierung dieser Worte, auch wenn er versäumte, ihre volle Bedeutung zu erkennen. So sagt etwa Karl Mannheim in *Ideologie und Utopie*, daß erst im Marxismus »der partikulare Ideologiebegriff mit dem totalen«* verschmilzt und daß mit »dem Auftauchen der allgemeinen Fassung des totalen Ideologiebegriffes ... *aus der bloßen Ideologienlehre die Wissenssoziologie*«** entsteht.

Wenn irgendwo, dann taucht der Totalbegriff von Ideologie dort auf, wo die marxistische Theorie »Bewußtsein« gegen »gesellschaftliches Sein« stellt.

* Karl Mannheim, *Ideologie und Utopie*, Bonn 1929. S. 29.

** a. a. O., S. 32.

Nun erklärte Marx, wie sich gezeigt hat, nicht eigentlich, was er mit »gesellschaftlichem Sein« oder mit »Bewußtsein« meinte, und auch nicht, wie er das Verhältnis zwischen beiden verstand. Es ließe sich vorbringen, was Mannheim den totalen Ideologiebegriff nenne, gehe nicht aus jener Theorie hervor, sondern werde nur in sie hineingelesen. Man könnte sagen, Marx meinte mit gesellschaftlichem Sein nur das, was er die »ökonomische Grundlage« oder den »materiellen Unterbau« der Gesellschaft nannte, obwohl es ungenau und irreführend ist, einen so weiten Terminus zu verwenden, um einzig ökonomische Tätigkeiten zu bezeichnen. Ebenso ist es ungenau und verwirrend zu sagen, gesellschaftliches Sein bestimme das Bewußtsein, nicht aber umgekehrt, und dann zuzugeben (wie es Marx häufig ausdrücklich oder implizit tat), daß eines das andere bestimme. Dies zu sagen und einzuräumen bedeutet nicht notwendig, sich selber zu widersprechen, aber es verlangt nach einer Erklärung. Wenn eine Sache eine andere bestimmen kann, doch nicht umgekehrt, und wenn dennoch die beiden aufeinander einwirken können, will man einfach wissen, welche Art von »Bestimmung« dies ermöglicht.

Sagen wir, A bestimme B, so meinen wir zuweilen, alles, was B geschehe, sei das Resultat von etwas, das A geschehen sei; zuweilen meinen wir, A setze dem Grenzen, was mit B geschehen (oder was B tun) könne, während B nicht das gleiche mit A tut: Zuweilen meinen wir, A beeinflusse B beträchtlich mehr, als B seinerseits A, oder A setze B engere Grenzen als umgekehrt, wobei wir implizieren, daß diese Auswirkungen oder diese Grenzen wenigstens grob meßbar seien. Und zuweilen haben wir kein kausales Verhältnis, sondern ein andersartiges im Sinn: Wir meinen, A sei in einer Situation, unter der B für jeden Beobachter in A eine bestimmte Erscheinung aufweist. Falls dann B keine Situation sein sollte, in der ein Beobachter A wahrnehmen kann, haben wir eine Bedeutung von »bestimmen«, die uns zu sagen erlaubt, A bestimme B und sei nicht von ihm bestimmt. Dies sind vielleicht nicht die einzigen stichhaltigen Bedeutungen des Worts, aber, wie ich meine, die wichtigsten. Welche also hatte Marx im Auge, als er sagte, gesellschaftliches Sein *bestimme* das Bewußtsein oder der materielle Unterbau *bestimme* den ideologischen Überbau? In einigen Zusammenhängen vielleicht die eine, in anderen eine andere. Die Schwierigkeit liegt darin, daß der Kontext oft keinen Anhaltspunkt dafür liefert. Es ist müßig zu spekulieren.

Überlegen wir einen Augenblick, was eigentlich zum Sein des Menschen für seine Art als ein gesellschaftliches Wesen gehört. Denn dies ist er nach Marx und Mannheim; er handelt, wie sie meinen, nur dann auf typisch menschliche Weise, wenn er es als gesellschaftliches Wesen tut, als eines, dessen Fähigkeiten sich durch gesellschaftliche Verhältnisse entwikkeln. Nun bilden auch andere Wesen außer dem Menschen dauernde Gemeinschaften, leben in Horden oder Herden und werden davon beeinflußt. Sie erwerben Gewohnheiten, die sie sonst nicht hätten. Auch der Mensch erwirbt Gewohnheiten auf Grund seines Zusammenlebens mit Artgenossen. Aber außerdem erwirbt er Institutionen oder konventionelle Verhaltensweisen, und bei diesem Vorgang des Erwerbens wird er derart gesellschaftlich, wie allein er es unter den Lebewesen ist. Wie also unterscheiden sich konventionelle Verhaltensweisen von Gewohnheiten?

Der konventionell Handelnde erkennt eine Situation, in der er auf eine bestimmte Weise handeln muß oder sollte. Er kann sich sagen: Dies hat in einer derartigen Situation zu geschehen. Er ist imstande, eine Situation zu definieren; er besitzt eine gewisse Vorstellung von einer Verhaltensweise, die für eine bestimmte Art von Situation normal ist. Der Mensch ist ein gesellschaftliches Wesen nicht dank seiner Gewohnheiten, sondern dank seiner Konventionen. Das war vielleicht kein Gemeinplatz unter Gesellschaftstheoretikern zu Marx' Zeiten, wie heutzutage, aber es ist, wie ich meine, in Marx' Lehre impliziert, der Mensch sei wesentlich ein gesellschaftliches Wesen. Konventionelles Verhalten beinhaltet den Gebrauch von Gedanken oder die Fähigkeit, sie zu gebrauchen. Denn wenn ein Mensch auch dazu gelangen kann, sich gewohnheitsmäßig konventionell zu verhalten, muß er zunächst – falls sein Verhalten konventionell und nicht gewohnheitsmäßig sein soll – gelernt haben, sich so zu verhalten, indem er lernte, eine Situation so wie andere Menschen zu definieren und zu erkennen, was jedermann in einer derartigen Situation tun muß oder sollte.

Gesellschaftliche Bedingungen bestehen vermutlich aus gesellschaftlichen Verhältnissen, und diese Verhältnisse sind in Begriffen konventioneller Verhaltensweisen definiert. Hans ist der Ehemann Marias, falls er sich ihr gegenüber so verhält, wie es ein Ehemann tun muß oder sollte, oder falls man erkennt, daß er das Recht und die Pflicht dazu hat. Was kann also mit der Aussage gemeint sein, die gesellschaftlichen Bedingungen der Menschen bestimmten deren Gedanken? Man kann zweifellos zwischen gesellschaftlichen Verhältnissen in den Begriffen der Gedanken, Überzeugungen und Ansprüche unterscheiden, die in den sie definierenden konventionellen Verhaltensweisen enthalten sind. Falls man jedoch das tut, stellt man nur einen Zusammenhang zwischen gesellschaftlichen Verhältnissen einerseits und Überzeugungen und Ansprüchen andererseits her. Man erklärt nicht, in welchem Sinn gesellschaftliche Verhältnisse Gedanken bestimmen.

Man kann, wenn man will, darüber spekulieren, wie die Menschen in erster Linie dazu kamen, gesellschaftliche Wesen in einer für ihre Art einzigartigen Weise zu sein; wie allmählich Konventionen und Gedanken unter ihnen aufkamen. Man kann auf Bedürfnisse und Fähigkeiten verweisen, die ihnen dank ihrer physischen Konstitution eigentümlich sind – wie etwa dank ihrem aufrechten Gang, ihrer Hände, ihrer Gehirne, ihrer Kiefer, die sie befähigten, Werkzeuge zu benutzen und herzustellen und Sprache zu erwerben. Hätten sie diese Bedürfnisse und Fähigkeiten nicht gehabt, wären sie nie in diesem einzigartigen Sinn gesellschaftliche Wesen geworden. Es läßt sich sogar sagen, daß sie auf einer bestimmten Stufe in der Evolution ihrer Art nicht überlebt hätten, wären sie nicht gesellschaftliche Wesen geworden.

Durch solche Spekulationen wirft man überhaupt kein Licht darauf, in welcher Beziehung gesellschaftliche Bedingungen zu Gedanken stehen; man gibt nur zu verstehen, wie beide vielleicht aus Bedürfnissen und Fähigkeiten entstanden sind, die Priorität hatten. Man spricht nur (in der Terminologie Marx') von einem physischen Unterbau, der einen gesellschaftlichen und ideologischen Überbau bestimmt. Marx kam dem bei ein paar Gelegenheiten nahe, Engels häufiger. Doch diese Annahmen, wie das Physische das Gesellschaftliche und Ideologische beeinflußt, besagen nichts darüber, daß das Gesellschaftliche das Ideologische gleicherweise beeinflusse. Ja, es ist recht offensichtlich, daß wir es hier mit zwei Arten von Einfluß zu tun haben, die erheblich voneinander abweichen. Die Physis des Menschen ändert sich sehr langsam, während seine sozialen Bedingungen und seine Gedanken es schnell tun. Der Sinn, in dem der physische »Unterbau« dem »gesellschaftlichen und ideologischen Überbau« vorangeht, ist genügend deutlich; er entwickelte sich zuerst, und der Überbau konnte nicht ohne ihn existieren. Obwohl gesellschaftliche Bedingungen und Gedanken sehr variieren können, während die menschliche Physis unverändert bleibt, ist offenkundig, daß dieser »Unterbau« den Formen Grenzen setzt, die der »Überbau« annehmen kann, und von diesem selber nur wenig beeinflußt wird. Der Sinn, in dem das Physische die *Basis* in bezug auf das Gesellschaftliche und das Ideologische ist, und der Sinn, in dem es sie *bestimmt,* sind ausreichend klar, so schwer es auch sein mag, die genauen Grenzen zu definieren, die es den ihnen möglichen Formen setzt. Doch in welchem Sinn bestimmt das Gesellschaftliche das Ideologische?

Ich schlug früher vor, vielleicht bei den gesellschaftlichen Tätigkeiten primäre von anderen, sekundären, zu unterscheiden und die Worte »Bewußtsein« oder »Ideologie« nur auf das in den sekundären Tätigkeiten vorhandene Denken anzuwenden. Niemand hat, soweit ich weiß, jemals mit Erfolg eine solche Unterscheidung getroffen, obwohl es mehrere halbherzige Versuche dazu gab. Marx behandelte beispielsweise die »Produktion« als eine Grundtätigkeit, machte aber nie klar, was alles dazu gehören sollte. Sind Künstler und Denker, die sich durch ihre Arbeit ihren Lebensunterhalt verdienen, Produzenten? Doch selbst wenn jemand einen Sinn definieren sollte, in dem gewisse Tätigkeiten in bezug auf andere primär wären, fände er dennoch, daß keine Kategorie die andere mehr beeinflußte, als sie von ihr beeinflußt wird. Er stellte wohl auch fest, daß es witzlos ist, das Wort »Ideologie« eher auf die sekundären als auf die primären Tätigkeiten anzuwenden.

Nun könnte es sein, daß diejenigen, für die gesellschaftliches Sein das Bewußtsein bestimmt (oder, entsprechend, gesellschaftliche Bedingungen auf das Denken einwirken), einen Zusammenhang zwischen beiden im Sinn haben, der sich etwa von dem Zusammenhang zwischen einem Temperatursturz und dem Übergang von Wasser in Eis unterscheidet. Sie denken vielleicht eher an so etwas wie den Zusammenhang zwischen dem Standpunkt eines Beobachters hinsichtlich eines Gegenstands und dessen Erscheinungsweise. Mannheim beispielsweise spricht von einer gesellschaftlichen Situation und einem gesellschaftlichen Blickpunkt, und das ist schließlich eine ganz übliche Redeweise. Will man erklären, wie es kommt, daß jemand so und nicht anders denkt, ordnet man ihn recht häufig gesellschaftlich ein. Er ist etwa Engländer, Angehöriger der Mittelschicht, Edwardianer, alter Harrovianer, Vater von sieben Kindern. Wie sich ein Individuum derart »einordnen« läßt, kann man es mit ein Gruppe tun: Man verweist auf die unter ihren Angehörigen üblichen gesellschaftlichen Verhältnisse oder Rollen, die sie von den Mitgliedern anderer Gruppen unterscheiden. Und wenn man einem Individuum oder einer Gruppe einen Blickpunkt zuspricht, stellt man vermutlich nicht nur einen Zusammenhang her zwischen gesellschaftlichen Verhältnissen oder Rollen einerseits und Überzeugungen und Verhaltensweisen andererseits. Man impliziert damit irgendwie, für Personen in diesen Verhältnissen oder diesen Rollen ergebe es einen Sinn, jene Überzeugungen und Verhaltensweisen zu haben.

Wenn man ein Individuum oder eine Gruppe gesellschaftlich »einordnet«, tut man es innerhalb eines gesellschaftlichen Systems; nämlich innerhalb eines Systems von derartigen gesellschaftlichen Verhältnissen, daß sämtliche Personen, zwischen denen diese Verhältnisse bestehen, zur selben Gesellschaft gehören. Man kann einen Engländer oder eine Gruppe von Engländern »gesellschaftlich« in die englische Gesellschaft seiner oder ihrer Zeit »einordnen«; nicht aber beispielsweise in die chinesische. Ebensowenig läßt sich ein gesellschaftliches System »gesellschaftlich einordnen«, obwohl man auf das Gebiet und auf die Epoche verweisen kann, in denen es gedeiht oder gedieh. Was immer man ein gesellschaftliches System nennen will: Es läßt sich nicht von einem gemeinsamen Blickpunkt oder einem gemeinsamen Standpunkt aller seiner Mitglieder sprechen, und zwar aus dem einfachen Grund, weil die Blick oder Standpunkte innerhalb des Systems gelegen sind. Wie kann man dann, wenn man umfassend von »Bewußtsein« oder »Denken« oder allgemein von Gedanken und Überzeugungen spricht, noch sagen, sie seien »relativ« zu einem Blickpunkt oder von ihm »abhängig«? Man kann zweifellos ein gesellschaftliches System mit einem anderen vergleichen; man kann erklären, wie die zu ihm gehörigen gesellschaftlichen Beziehungen und Gedanken entstanden; und man kann erklären, wie es schließlich durch ein anderes ersetzt wurde. Man kann dies, vorausgesetzt, man vermag zu entscheiden, welche sozialen Beziehungen und Gedanken es ausmachen, vorausgesetzt, man kann es identifizieren. Tut man dies jedoch, definiert man nicht einen gemeinsamen gesellschaftlichen Stand oder Blickpunkt für alle, die derselben Gesellschaft angehören; man erklärt lediglich, wie die Gesellschaft, innerhalb deren Individuen und Gruppen verschiedene Blickpunkte haben, sich von anderen Gesellschaften unterscheidet oder wie sie entstand.

Jedermann weiß, was es bedeutet, in der physischen Welt einen Blickpunkt zu haben. Vielleicht bedarf es eines Philosophen, um zu erklären, was logisch im Begriff einer Welt enthalten ist, in der von Ort zu Ort sich bewegende Beobachter Veränderungen dessen, wie ihnen die Dinge erscheinen, von Veränderungen unterscheiden können, die in den Dingen selber vorgehen. Doch jedermann erkennt, was es für einen Beobachter bedeutet, einen Ort in einer solchen Welt zu besitzen und wahrzunehmen, was innerhalb seines Blickfelds um einen gegebenen Blickpunkt vorfällt. Man sieht ein, daß es nur im Zusammenhang einer stabilen Welt einen Sinn ergibt, von einem Beobachter mit einem Stand- und Blickpunkt zu sprechen. Und man sieht ein, daß sich nicht vernünftig von einem allen Beobachtern in dieser Welt gemeinsamen Blickpunkt sprechen läßt – es sei denn, man denke sie als Beobachter einer anderen und so weit von ihrer eigenen entfernten Welt, daß ihre unterschiedlichen Standpunkte in ihrer eigenen Welt keine wahrnehmbaren Unterschiede darin ergeben, wie ihnen die andere erscheint. Diese Beobachter könnten sich keine Welt vorstellen, in der sie verschiedene und wechselnde Blickpunkte hätten, falls sie nur Gedanken besäßen, deren Bedeutungen mit den Blickpunkten wechselten. Ja, die bloße Behauptung solcher Gedanken ist absurd. Die Erscheinungen vielmehr sind relativ zum Blickpunkt des Beobachters und ändern sich, wie sich dieser verändert, doch nicht die Gedanken, die man benutzt, um jene zu beschreiben oder seinen Blickpunkt zu definieren. Wäre das nicht der Fall, könnte man keinen Begriff davon haben, was eine Erscheinung oder ein Blickpunkt ist.

Der Gedanke eines gesellschaftlichen Blickpunkts ist schwieriger zu fassen. Falls man sich eine Gesellschaft als unveränderlich und ein Individuum oder eine Gruppe mit einem darin wechselnden »Standort« denkt, hat man ein Analogon zur Veränderung einer physischen Position samt ihrem Blickpunkt. Die »Standorte«, die Individuen oder Gruppen einnehmen können, bleiben gleich – das liegt in der Aussage, daß sich die Gesellschaft nicht ändert –, obwohl Individuen und Gruppen ihren Ort wechseln: aufhören, in bestimmten gesellschaftlichen Verhältnissen zu stehen, und in andere eintreten können. Ändert sich jedoch die Gesellschaft, gilt das nicht mehr. Dann kommt es zu einer Veränderung im System und nicht einfach zu einem Wechsel der Standorte darin. Und nun wird es schwieriger zu entscheiden, was jemand unter der Veränderung »gesellschaftlicher Blickpunkte« versteht, denn das System, innerhalb dessen diese Punkte liegen, ist nicht mehr dasselbe.

Es hat sich gezeigt, daß Beobachter in einer physischen Welt, die unterschiedliche und wechselnde Blickpunkte darin einnehmen, Gedanken darüber nicht nur haben *können*, sondern *müssen*, die sich nicht mit den Blickpunkten ändern, falls sie sich selber als Beobachter verstehen wollen. Sie müssen überdies, um sich verständigen zu können, dieselben Gedanken miteinander teilen. In der Tat stimmen Marx und Mannheim und andere, die von gesellschaftlichen Bedingungen als bestimmend für Gedanken sprachen, sämtlich darin überein, daß Gedanken wesentlich allgemein sind, daß die Menschen im Lernprozeß der wechselseitigen Verständigung zu ihnen kommen. Ihre verschiedenen und wechselnden Blickpunkte hindern sie nicht daran, sämtlich dieselben Gedanken bei der Beschreibung und Erklärung von Dingen und Ereignissen der physischen Welt zu verwenden. Ebenso wenig hindern sie vermutlich ihre verschiedenen und wechselnden Standorte in der gesellschaftlichen Welt daran, dieselben Gedanken zur Beschreibung und Erklärung ihres eigenen Verhaltens und desjenigen anderer zu benützen. Ihre Gedanken können nicht »relativ« zu ihren gesellschaftlichen Blickpunkten sein, denn man teilt die Gedanken und nicht die Blickpunkte. Wie Beobachter in der physischen Welt sich nicht bewußt sein können, sämtlich einer einzigen Welt anzugehören, in der ihre Gesichtspunkte voneinander abweichen und wechseln, solange sie das nicht, unabhängig von ihren Gesichtspunkten, auf die gleiche Weise verstehen, so können auch die Angehörigen einer Gesellschaft nicht wahrnehmen, daß sie zu ihr gehören, und ihre Rollen darin nicht spielen, solange sie nicht Gedanken darüber teilten, solange ihr Verständnis für ihren eigenen Ort und den anderer Menschen darin nicht unabhängig von ihren Blickpunkten ist. Verstehen erfordert notwendig, daß Gedanken nicht relativ zu Blickpunkten sind, seien sie nun physischer oder gesellschaftlicher Art. Definiert man andererseits die Teilhabe an einem gesellschaftlichen Blickpunkt als Teilhabe an Gedanken, argumentiert man im Kreis. Wer erklärt, *alle* Gedanken und Überzeugungen seien gesellschaftlich bestimmt oder »relativ« zu den gesellschaftlichen Bedingungen der Menschen, die sie benützen oder hegen, hält nie lange an dieser extremen Position fest. Er weicht allemal von Zeit zu Zeit davon ab, obwohl er häufig dorthin zurückkehrt, sowie die Schwierigkeit verschwunden ist, die ihn zum Abweichen veranlaßte. Er fühlt sich davon angezogen und doch dabei unsicher. Er hält sich fallweise daran, als sei er nicht ganz sicher, worauf er sich da eingelassen habe. Ja, dies so sehr, daß es vielleicht irreführend ist, von einer extremen Position so zu sprechen, als gäbe es nur diese eine. Die Aussage, alle Gedanken und Überzeugungen seien gesellschaftlich bestimmt, kann gleichbedeutend oder auch nicht gleichbedeutend mit der Aussage sein, sie alle seien »relativ« zu gesellschaftlichen Bedingungen. Was ich eine extreme Position nannte, ist in Wirklichkeit eine Skala von Positionen, welche die von ihnen faszinierten Autoren nicht klar umreißen. Ich beschränke mich darauf, ein paar dieser Gedankengänge zu verfolgen.

Von der Lehre, Gedanken und Überzeugungen seien gesellschaftlich bestimmt, angezogene Marxisten hielten es zumeist für ausreichend, dies zu wiederholen, ohne zu erklären, was sie darunter verstanden. Sie zogen nicht den Schluß daraus, alle Überzeugungen seien nur für ihre eigene Zeit wahr. Im Anschluß an Marx und auch an Hegel unterschieden sie Erkenntnis als das Verständnis der Dinge, wie sie wirklich sind, von dem, was als Erkenntnis gilt, aber keine ist. Sie unterschieden bei den Theorien nicht zwischen solchen, die unter allen gesellschaftlichen Umständen zu richtigen Schlüssen führen können, und denen, die dies nicht tun. Zweifellos meinten sie, in einer bürgerlichen Gesellschaft lieferten die Humanwissenschaften weniger wirkliches Wissen als die Naturwissenschaften. Doch das hielten sie für einen Defekt der bürgerlichen Gesellschaft. Es gibt nichts im menschlichen Verhalten, das dessen Studium daran hinderte, jemals wissenschaftlich zu werden – falls »wissenschaftlich« die Benutzung von gut geeigneten Methoden zur Entdeckung der Wahrheit bedeuten soll. Die Marxisten meinen vom Marxismus, der sich mehr mit menschlichem Verhalten als mit Naturvorgängen befaßt, er sei auf seinem Gebiet ebenso »objektiv« wie die Naturwissenschaften auf ihren. Die Erklärungen, die er liefere, mögen in der Zukunft verbessert werden, doch das gelte auch für die Erklärungen der Physiker. Sozialwissenschaft könne prinzipiell gesellschaftliche Phänomene und den Ablauf gesellschaftlicher Veränderungen so erklären, wie sie wirklich seien, und nicht nur, wie sie den Menschen unter diesen oder jenen Umständen erschienen. Und dennoch behaupten die Marxisten, nach denen Gedanken und Überzeugungen gesellschaftlich bestimmt sind, mehr als nur dies zu sagen: daß die Wesen, die sie besitzen, gesellschaftliche Wesen seien und sie unter gesellschaftlichen Bedingungen besäßen. Sie behaupten, mehr als das zu sagen, was nie jemand abstreiten wollte. Unglücklicherweise erklären sie nicht, was dieses Mehr sei.

Mannheim, der davon überzeugt war, Marx habe die vollen Implikationen seiner Lehre über gesellschaftliches Sein und Bewußtsein nicht überblickt, unterschied unter den Wissenschaften – oder vielleicht sollte ich sagen: unter den systematischen Disziplinen – solche, deren Ergebnisse universell wahr sind (oder sein können), von anderen, deren Ergebnisse bestenfalls nur für diejenigen gelten, die den untersuchten Gegenstand vom »selben Blickpunkt« aus betrachten. Er zog die Trennungslinie zwischen den beiden Arten nicht immer an derselben Stelle. Offenbar hielt er stets dafür, die Ergebnisse von Logik und Mathematik seien, falls korrekt erzielt, universal wahr. Unentschiedener war er, wie ich meine, hinsichtlich der Naturwissenschaften. Bezüglich der Sozial- oder Humandisziplinen jedoch besaß er wenige Zweifel, wenngleich er bereit war, sie Wissenschaften zu nennen: Ihre Ergebnisse, so meinte er, seien nur wahr für Menschen in gleichartigen Situationen, mit dem gleichen Blickpunkt für ihren Forschungsgegenstand. Die Situation, der Blickpunkt, ist natürlich gesellschaftlicher Natur.

Mannheim räumte ein, daß alle Gedanken, auch diejenigen von Logik und Mathematik, gesellschaftliche Produkte in dem offenkundigen Sinn seien, daß nur Wesen, deren Fähigkeiten sich durch gesellschaftliche Verhältnisse entwickelten, sie bilden und benutzen können. Er gab das nicht nur zu, sondern bestand darauf, wie es jeder einsichtige Soziologe tut. Der Sozialtheoretiker oder der Ideengeschichtler kann, falls er Zugang zu den relevanten Tatsachen hat, den Ursprung von Logik und Mathematik ebenso erklären, wie der Psychologe (etwa Jean Piaget) zu erklären vermag, wie ein Kind zählen oder falsche von richtigen Behauptungen unterscheiden lernt. Auch bestritt Mannheim nicht, daß sich selbst die Grundlagen von Logik und Mathematik verändern, daß der heutige Logiker Grundannahmen aufstellt, die Aristoteles unbekannt waren, und daß der Geometriker von Definitionen ausgeht, von denen Euklid nichts wußte. Zweifellos sind die Wahrheiten von Logik und Mathematik nicht in dem Sinn universal wahr, daß sie von Logikern und Mathematikern in allen Gesellschaften akzeptiert worden wären. Und es gibt unbestreitbar gesellschaftliche Bedingungen für ihr Entstehen. Der Historiker kann erklären, daß sich die Geometrie bei den Griechen so entwickelte, wie sie es nie bei den Ägyptern tat, und gleichermaßen kann er erklären, wieso die empirischen Wissenschaften im antiken Griechenland so wenige Fortschritte machten.

In Mannheims Unterscheidung zwischen gesellschaftsrelativer und nicht-gesellschaftsrelativer Erkenntnis ist eine weitere Unterscheidung impliziert: zwischen den *gesellschaftlichen Bedingungen* der Erkenntnis und der *gesellschaftlichen Perspektive,* die über ihren Inhalt entscheidet. So hätten etwa die Westeuropäer ohne den Erwerb bestimmter Kunstfertigkeiten und ohne gewisse Möglichkeiten und Anreize in den letzten drei, vier Jahrhunderten nicht diese gewaltigen Fortschritte in den Natur- und Formalwissenschaften gemacht. Falls der Historiker an die entscheidenden Tatsachen herankommt, kann er erklären, wie es dazu kam, daß sie diese Kunstfertigkeiten erlangten und diese Gelegenheiten und Anreize hatten; er kann auf die gesellschaftlichen Bedingungen verweisen, die dies begünstigten. Doch diese Bedingungen sind keine gesellschaftliche Situation oder ein Blickpunkt, die den Inhalt der Natur- und Formalwissenschaften bestimmt hätten. Es ist zumindest vorstellbar, daß andere gesellschaftliche Bedingungen die gleichen Gelegenheiten und Anreize geliefert und die gleichen Kunstfertigkeiten gefördert und die Natur- und Formalwissenschaften sich genauso entwickelt hätten, wie es tatsächlich geschah. Es gibt gesellschaftliche Bedingungen, die das Wachstum jedes Wissenszweigs begünstigen oder hemmen, doch nur auf einigen Gebieten hängt der Inhalt von der gesellschaftlichen Situation oder dem Blickpunkt des Erkennenden ab. Mannheim trifft diese Unterscheidung zwischen den Wissenszweigen nicht genau so, wie ich es getan habe, doch sie ist, wie ich meine, einigen seiner Argumente implizit.

Die Unterscheidung erscheint mir unhaltbar, und ich werde später zu erklären suchen, wieso. Vorher jedoch muß ich darauf hinweisen, daß diejenigen, die offen oder implizit so unterscheiden, zuweilen bestreiten, sie seien dadurch zur Auffassung gezwungen, Fortschritt sei in den Wissenschaften unmöglich, deren Inhalte vom gesellschaftlichen Blickpunkt abhängen. Mannheim etwa stritt es ab. Wenn sich die Bildung erweitert, wenn die Anzahl der Gelehrten zunimmt, wenn die Gesellschaft immer mehr von ihren Mitteln aufbringt, um sie zu fördern, machen alle Wissenszweige Fortschritte. Die Gesellschaftswissenschaften reagieren nicht weniger als andere auf günstige Umstände; auch sie machen die in sie investierten finanziellen und intellektuellen Mittel bezahlt. Einige Gesellschaften verstehen sich von ihrem »Blickpunkt« aus besser als andere von dem ihren; sie sammeln und ordnen erheblich mehr Informationen und produzieren umfassendere und aufgeklärtere Theorien zur Erklärung der Tatsachen. So gehen auch gewisse Gesellschaften weiter als andere im Studium fremder Gesellschaften. Im Westen ausgebildete Sozialanthropologen etwa wendeten Beträchtliches an Geld und Zeit auf, um »primitive« Völker zu erforschen, die weder einen Pfennig noch eine Minute aufbrachten, um westliche Völker zu studieren – zumindest so lange nicht, wie sie nicht in gewissem Grad »verwestlicht« waren und einen anderen »Blickpunkt« erworben hatten. Mannheim hätte, wie ich meine, sicherlich nicht bestritten, daß bestimmte Völker andere besser verstehen, als diese anderen sie verstehen. Ihr Verständnis kommt vermutlich von ihrem eigenen Blickpunkt. Doch wie, wenn sie (wie es natürlich geschieht) das Verhalten und die Überzeugungen anderer Völker studieren, die selber keine solchen Forschungen anstellen? Verstehen sie dieses Verhalten und diese Überzeugungen besser als jene Völker, um deren Verhalten und Überzeugungen es sich handelt? Verstehen sie den »Blickpunkt« solcher Völker besser als diese selber? Hätte Mannheim das geleugnet? Oder hätte er vielleicht zugegeben, daß etwa ein westlicher Sozialanthropologe intellektuell besser ausgerüstet sei, den Blickpunkt analphabetischer Stammesangehöriger zu verstehen, als diese selber, und hätte er dennoch darauf bestanden, jener könne dies nur von seinem westlichen Blickpunkt aus?

In den von primitiven Völkern bewohnten Gebieten gibt es nicht nur diesen Gegenden eigentümliche Menschen, sondern auch wilde Tiere. Der westliche Zoologe, der sie studiert, verwendet im Westen konzipierte Gedanken. Zoologie ist eine Naturwissenschaft; für ihr Entstehen und Gedeihen gibt es gesellschaftliche Bedingungen. Aber offensichtlich – so würde Mannheim wenigstens zuweilen einräumen – keinen »gesellschaftlichen Blickpunkt«, zu dem sie relativ ist. Die Zoologie unterscheidet sich in dieser Hinsicht von der Sozialanthropologie. Warum sollte das so sein? Oder eigentlich: warum sollte jemand annehmen, daß es so sei?

Ich habe mich nicht um ihrer selbst willen mit den Ansichten Marx' und Mannheims befaßt, sondern sie nur als Beispiele einer bestimmten Denkweise behandelt. Ihre Anschauungen wurden auf sehr verschiedene Weise interpretiert. Dies gilt besonders für Marx, obwohl auch Mannheim seine Verteidiger wie seine Kritiker hat. Ich bin sicher, daß mein kurzer Bericht über das von Marx mit der Äußerung, gesellschaftliches Sein bestimme das Bewußtsein, Gemeinte oder vielleicht Gemeinte von einigen seiner Verehrer wie auch seiner Kritiker als oberflächlich oder verzerrt abgetan wird. Meine eigene Überzeugung ist, daß Marx, wie Mannheim, zwischen verschiedenen Positionen schwankte, ohne zu bemerken, wie sehr sie voneinander abweichen. Ich habe einige dieser Positionen nur deshalb kurz erörtert, um etwas von dem besser zu verdeutlichen, was ich feststellen wollte. Nun möchte ich ein paar allgemeinere Fragen besprechen, ohne mehr als flüchtig auf die Ansichten bestimmter Denker einzugehen.

Ich sagte, Gesellschaftstheoretiker schrieben zwar zuweilen, als seien *sämtliche* Gedanken durch gesellschaftliche Bedingungen oder Verhältnisse bestimmt, so daß der Eindruck entsteht, es gebe einen Bereich des gesellschaftlichen Lebens, der nicht den Gebrauch von Gedanken umschließt; aber sie verließen diese Position rasch, sowie sie sich deren Implikationen gegenübersahen. Zweifellos entstehen Gedanken in einem gesellschaftlichen Zusammenhang, jede vollständige Darstellung ihres Aufkommens muß auf die gesellschaftlichen Bedingungen verweisen. Doch das gleiche gilt für gesellschaftliche Verhältnisse oder Institutionen. Falls »gesellschaftlich bestimmt« die Entstehung unter bestimmten gesellschaftlichen Bedingungen bedeutet, dann sind alle, oder fast alle, gesellschaftlichen Verhältnisse gesellschaftlich bestimmt. Ich sage *fast alle*, und nicht *alle*, weil wir, falls wir eher den darwinschen als den mosaischen Bericht über den Ursprung unserer Art gelten lassen, eine Zeit annehmen müssen, da die Menschen nicht so gesellschaftlich verbunden waren, wie sie allein es heute sind; und ebenso müssen wir annehmen, daß es eine Zeit gab, in der sie keine Gedanken benutzten. Was immer sie in erster Linie veranlaßte, gesellschaftliche Wesen zu werden, Gedanken zu erwerben und sich konventionell zu verhalten, war eindeutig keine gesellschaftliche Ursache.

Ich schlug auch vor, vielleicht und falls wir es der Mühe wert halten, den Gebrauch von Gedanken, wie er tatsächlich zu den Formen konventionellen Verhaltens gehört, die die Existenz gesellschaftlicher Verhältnisse ausmachen, von anderen Arten des Gedankengebrauchs zu unterscheiden. Ohne Zweifel gibt es zahlreiche Gedanken, die sowohl im Rahmen eines solchen Verhaltens wie auch außerhalb seiner verwendet werden. Dennoch könnte man, wenn man diese Unterscheidung im Gedankengebrauch einführt, dann fragen, wie gesellschaftliche Verhältnisse oder konventionelle Verhaltensweisen den Gebrauch von Gedanken außerhalb ihrer selbst beeinflussen. Man könnte etwa fragen, wie sie auf die Erstellung von Theorien verschiedener Art einwirken: Theorien über Naturphänomene oder über abstrakte Gedanken und deren Implikationen oder darüber, wie sich die Menschen verhalten oder verhalten sollten. Und man könnte fragen, wie sie Kunst und religiöse Überzeugungen betreffen. All dies ist tief von gesellschaftlichen Verhältnissen und konventionellen Verhaltensweisen beeinflußt und beeinflußt umgekehrt zweifellos auch sie tief.

Doch obwohl dies grundsätzlich geschehen könnte, hat sich bemerkenswerterweise noch nie jemand daran versucht. Weder Marx noch einer seiner Schüler ließ sich, soweit ich weiß, auf eine solche Fragestellung ein. Zweifellos fragen Sozialtheoretiker und -historiker – marxistische wie auch andere – nach dem Einfluß gesellschaftlicher Bedingungen auf Gedanken. Doch unter gesellschaftlichen Bedingungen verstehen sie nicht schlechthin gesellschaftliche Verhältnisse (einschließlich der dazugehörigen Gedanken); sie meinen diejenigen gesellschaftlichen Verhältnisse und Gedanken, die ihnen relevant erscheinen. Sie meinen diejenigen gesellschaftlichen Verhältnisse und Gedanken, die am Ort und zur Zeit der zu erklärenden Gedanken- oder Verhaltensänderungen vorhanden sind. Das besagt, daß das von ihnen Gemeinte sowohl »gesellschaftliches Sein« wie »Bewußtsein« umfaßt, und sie machen sich nicht die Mühe, zwischen beiden zu unterscheiden. Denn ihr Ziel ist nicht, Belege für Marx' Aphorismus beizubringen, sondern zu erklären, wie bestimmte Überzeugungen oder Verhaltensweisen aufkamen oder verschwanden. Und die Gedanken, deren Entstehung oder Verfall man zu erklären sucht, sind recht oft solche, die in sozialen Verhältnissen enthalten sind. Mit anderen Worten: Wenn man etwa sagt, man frage danach, wie sich die Gedanken über Ehe oder Besitz geändert hätten, befaßt man sich recht häufig viel mehr mit der Erklärung, wie sich diese Institutionen änderten, als damit, wie sich die Überzeugungen oder Theorien darüber wandelten. Ohne Zweifel bestimmen gesellschaftliche Bedingungen die Gedanken der Menschen, doch dann bestimmen gesellschaftliche Bedingungen auch alle gesellschaftlichen Verhältnisse, ausgenommen diejenigen, deren Aufkommen mit dem frühesten Gebrauch von Gedanken zusammenfiel. Jene bestimmen diese zumindest in dem Sinn, daß sie ihren Änderungsmöglichkeiten Grenzen setzen. Ist dies alles, was zahlreiche Menschen mit der Aussage meinen, gesellschaftliche Bedingungen bestimmten die Gedanken der Menschen? Ich vermute, daß das sehr oft der Fall ist, obwohl jene unter dem Eindruck stehen, sie sagten etwas weit weniger Offenkundiges, etwas viel Tieferes: etwas, von dem die Bescheideneren unter ihnen meinen, sie hätten es niemals selber denken können, sie übernähmen es vielmehr auf Treu und Glauben. Es zeigte sich, daß die Behauptung, gesellschaftliche Bedingungen bestimmten Gedanken, zuweilen der erste Schritt einer Argumentation ist, die zu dem Schluß kommt, Erkenntnis sei relativ zum Blickpunkt des Erkennenden. Außerdem zeigte sich, daß diese Schlußfolgerung nie ohne Einschränkung bleibt. Man macht stets Ausnahmen für einige Wissensbereiche – zumindest für die formalen Disziplinen, wenn nicht ebenso für die Naturwissenschaften. Aber, so läßt sich fragen, warum überhaupt Ausnahmen machen? Oder, falls welche gemacht werden, warum nicht die Schlußfolgerung ganz aufgeben? Warum nicht zugeben, daß es auf jedem Gebiet Wissen geben kann, das nicht in diesem Sinn »relativ« ist? Jedermann räumt ein, daß jede Art von Gedanke und jeder Wissenszweig seine gesellschaftlichen Ursprünge hat. Warum dann irgendwelche Gedanken, irgendeinen Wissenszweig aus dieser Relativität ausschließen? Selbst die Gedanken von Logik und Mathematik sind nicht universal.

Die Ausnahme zugunsten der Formalwissenschaften geht vermutlich auf die Überzeugung zurück, es gebe gewisse unentbehrliche Gedanken für jede zusammenhängende Auseinandersetzung oder für jede zur Beschreibung und Erklärung von Ereignissen verwendete Sprache, wie immer sie auch beschaffen seien. Sie entstammt auch der Einsicht, daß man Gedanken benötigt, um Gebrauch und Grenzen von Gedanken zu erklären. Wer nicht bedenkt, wie Gedanken angewandt werden, sondern sie nur anwendet, weiß nichts von jenen anderen Gedanken, doch jeder, der über Denken und Sprache nachdenkt, muß sie benutzen. Daher finden sich in jeder einzelnen Sprache Gedanken, die man benötigt, um das Wesen der Sprache zu erklären. Mithin sind die formalen Disziplinen, die diese Gedanken und deren Implikationen untersuchen, nicht relativ zu einem gesellschaftlichen Gesichtspunkt, obwohl einige der Gedanken, die sie verwenden oder studieren, den meisten Menschen unbekannt und einige ihrer Theorien so esoterisch sind, daß nur eine Handvoll Leute auf Erden sie verstehen.
Die empirischen Wissenschaften müssen jedoch noch andere Gedanken neben denen benutzen, die deshalb unabhängig von jeder besonderen Art rationaler Erfahrung sind, weil sie zu all diesen Arten oder sonstwie zur Erklärung dessen gehören, was es bedeutet, solche Erfahrungen zu haben. Rationale Wesen mit andersartigen Sinnesorganen als den unseren, anderen biologischen Bedürfnissen und anderen physischen Fähigkeiten empfingen andere Sinneseindrücke als wir, besäßen andere Probleme und andere Kunstfertigkeiten. Sie benutzten andere Gedanken und hätten andere »Weltbilder«. Betrieben sie systematische empirische Forschungen, stellten sie andere Hypothesen und Theorien auf. Die Inhalte sowohl ihres Alltagsdenkens über die natürliche Welt wie ihrer Naturwissenschaften wären anders. Doch unterschieden sich ihre Gedanken über wissenschaftliche Methodik, über die Funktionen von Hypothesen und Theorien notwendig von unseren? Und zwar so sehr von unseren, daß wir sie nie verstehen könnten? Ich sehe keinen Grund, warum das so sein sollte. Schließlich sind unsere Gedanken über wissenschaftliche Methodik, über das Erzielen stichhaltiger Ergebnisse in den empirischen Wissenschaften nicht die gleichen wie jene unse-

rer Vorfahren. Wir können erklären, wie sich menschliche Gedanken geändert haben; wir können verstehen, was sie einst waren und was sie nun geworden sind. Warum sollten uns nicht die Gedanken, die wir zur Erklärung verwenden, wie sich menschliche Gedanken über wissenschaftliche Methodik verändert haben, in die Lage versetzen zu erklären, wie sich unsere Gedanken darüber von denen rationaler Wesen unterscheiden, die physisch anders geartet sind als wir? Unsere Gedanken über die empirische Methode hängen nicht logisch von den inneren Eigenschaften unserer Sinneseindrükke ab.

Zwei physisch unterschiedliche Arten rationaler Wesen können unter der Voraussetzung, daß sie wechselweise ihr Verhalten so ausreichend beobachten können, um es als das rationaler Wesen zu erkennen, mit der Zeit lernen, sich zu verständigen. Jede könnte einsehen, wie die Erfahrung, das »Weltbild« der anderen von ihrer eigenen abweicht. Sie könnten natürlich keine ihnen unzugänglichen Sinnesqualitäten beschreiben, doch ein kunstreiches, wenn auch notwendig in gewissem Grad »farbloses« Bild der Welt entwerfen, wie sie den Angehörigen der anderen Art erscheint. Jede Art vermöchte der anderen ihre Theorien über das Wesen der fremden Erfahrungen zu erläutern, und jede könnte die Theorien der anderen korrigieren oder bestätigen. Die beiden Arten lernten mit der Zeit die Grenzen der gegenseitigen Verständigung kennen.

Ich brauche diese Argumentation nicht weiterzuverfolgen. Schließlich befassen sich die Theoretiker, die von der Relativität des Denkens sprechen, mit dem Denken nur einer Art von rationalen Wesen. Was sie im Sinn haben, ist nicht, wenn man so will, »physisch oder biologisch relatives«, sondern »gesellschaftlich relatives« Denken. Dennoch ist festzuhalten, daß zum begreiflichen Denken, zum Spracherwerb befähigte biologisch unterschiedliche Arten einander auf weite Strecken verstehen können.

Wirklich beschäftigt die von der Relativität des Denkens Überzeugten das Denken über menschliches Verhalten sowohl auf der Ebene der alltäglichen Unterhaltung wie auf der von »Wissenschaft« und Theorie. Diese Art des Denkens, so behaupten sie, sei unvermeidlich »relativ« und daher nur unter bestimmten gesellschaftlichen Bedingungen wahr und gültig. Selbst wenn sie mehr als das behaupten, wenn sie sagen, das Denken über Naturphänomene sei »relativ«, tun sie es nur, weil ihnen scheint, die Argumente für die Relativität des Denkens über menschliches Verhalten zwängen sie dazu. Engels beispielsweise sprach zuweilen so, als könne Naturwissenschaft bürgerlich sein, und andere Marxisten taten das gleiche; aber sie taten es unbestimmt und fast beiläufig. Mit dem Herzen waren sie nie dabei. Eigentlich wollten sie sagen, daß bürgerliche Denker, eben wegen ihres Platzes in der Gesellschaft ein unzutreffendes und verzerrtes Bild dessen hätten, wie Gesellschaft funktioniert und sich entwickelt. Es stimmt, daß sie proletarische Denker von der Kurzsichtigkeit und anderen Sehfehlern ausschlossen, an denen die bürgerlichen litten (aus Gründen, die nicht jedermann überzeugend findet). Doch ihre Erklärung der Fehler bei bürgerlichen Denkern lautet nicht nur, daß deren Methoden unangemessen seien, daß ihnen die entscheidenden Fakten oder die Begriffe fehlten, die sie befähigten, die wirklich erhellenden Fragen zu stellen. Sie finden das bürgerliche Denken nicht aus der Art von Gründen mangelhaft, die ein Wissenschaftshistoriker etwa für die Mängel der ptolemäischen im Vergleich zur kopernikanischen Astronomie anführte. Die Methoden der bürgerlichen Denker mögen unangemessen und ihre Begriffe unzulänglich sein, doch sie halten an diesen Methoden und Begriffen fest, weil sie bürgerlich sind: weil es, obwohl sie es nicht wissen, zu ihnen paßt, über Gesellschaft und gesellschaftliche Veränderungen so zu denken, wie sie es nun einmal tun.

Marxismuskritiker – unter anderem Mannheim – argumentierten, jener Ausschluß des Marxismus (oder des »proletarischen Bewußtseins«, was in marxistischen Augen auf dasselbe hinausläuft) stehe im Widerspruch zu seiner eigenen Lehre, daß gesellschaftliches Sein das Bewußtsein bestimme. Laut Mannheim zeigte Marx, als er für seine Theorie ein Vorrecht beanspruchte, das er anderen bestritt, daß er nicht völlig verstand, was es bedeutet, wenn Denken über menschliches Verhalten notwendig »relativ« ist. Er sei nahe an das Verständnis herangekommen, wie einige seiner Äußerungen zeigen, aber nicht bis zum Kern vorgedrungen.

Ich werde nicht untersuchen, warum Mannheim meinte, Denken über menschliches Verhalten (abgesehen von anderen Dingen) sei notwendig relativ. Um ihm gerecht zu werden, bedürfte es einer ausführlicheren Erörterung seiner Argumente, als ich sie im Rahmen dieses Buches unterbringen kann. Ich werde allgemeiner fragen: Was am menschlichen Verhalten und an der Relexion darauf hat die Menschen dazu bewogen, dies zu sagen? Die Überzeugung, daß Gedanken und Theorien über menschliches Verhalten notwendig relativ seien, ist schließlich ziemlich jungen Ursprungs. Vor dem 18. Jahrundert findet sich kaum eine Überzeugung, die sich mit dem Studium der Geschichte, zumal der Sozial- und der Ideengeschichte, verbreitet hat. Doch auch die anderen Disziplinen, die Formal- und die Naturwissenschaften, haben nicht weniger als das Studium des menschlichen Verhaltens ihre Geschichte. Alle Wissenschaften und Disziplinen sind selber Formen gesellschaftlichen Verhaltens, eine Art von Verhalten, das sich ständig in allen seinen Formen verändert. Wissenschaft oder systematische Forschung auf welchem Gebiet auch immer beginnt stets mit dem Gebrauch von Gedanken in der üblichen Verwendungsweise. Sie verfeinert und erweitert sie und erwirbt sich damit ihr eigenes Spezialvokabular. Diese Spezialvokabulare bleiben, obwohl sie umgekehrt die Umgangssprache beeinflussen, von ihr unterschieden und werden oft immer abseitiger. Alle Wissenschaften, alle systematischen Disziplinen (formale, natur- und geisteswissenschaftliche) gleichen sich darin. In völlig offenkundigem Sinn leitet sich alle Theorie von der Praxis ab und reagiert auf sie. Dennoch gibt es gewichtige Hinsichten, in denen das Denken über menschliches Verhalten, sowohl auf der Ebene der Theorie wie auf der des alltäglichen Redens, vom Denken über Naturvorgänge abweicht. Menschliches Verhalten verändert sich im Lauf der Zeit in seinem Wesen, und zwar weithin als Ergebnis des Einflusses, den menschliches Denken darauf nimmt. Dies ist eigentlich kein Fall der Einwirkung von Theorie auf Praxis; es ist eher ein Fall der Einwirkung von Denken auf seinen Gegenstand. Denn der Mensch ist, auch wenn er sich nicht mit Theoretisieren, mit systematischer Erklärung abgibt, um einiges mehr als nur praktisch: er ist auch reflektiv und kritisch. Selbst wo er kein Theoretiker ist, entwickelt er mehr an Denken, als tatsächlich zu der produktiven Tätigkeit oder der gesellschaftlichen Rolle gehört, die er spielt. Er denkt und spricht auch über diese Tätigkeit oder Rolle, wenn er sie nicht praktiziert. Das tut er selbst in »primitiven« Gesellschaften, in denen es kein als Theorie zu bezeichnendes systematisches Denken gibt. Ein solches Reflektieren auf eine Tätigkeit, das sich zum Gebrauch der zu ihrer Ausführung gehörigen Gedanken unterscheidet, kann sie tief beeinflussen. Derart wirkt das Denken über menschliches Verhalten auf dieses so ein, wie Naturvorgänge durch das Denken über sie nicht beeinflußt werden. Natürlich beeinflußt menschliches Denken über Naturvorgänge das menschliche Verhalten, die gesellschaftliche Umwelt, doch nicht die natürliche Umwelt; oder, genauer, es beeinflußt sie weit weniger und auf völlig andere Weisen.

Sowohl menschliches Verhalten wie die Reflexion darauf drücken wiederum offen oder implizit die Gedanken aus, die Menschen über das Wünschenswerte oder das Richtige oder das Bewundernswerte oder deren Gegenteile hegen. Diese Gedanken oder »Werte« unterscheiden sich erheblich von Ort zu Ort und von Epoche zu Epoche. Und so heißt es häufig, Reflexion und Theorie über menschliches Verhalten seien nicht »wertfreier« als das Verhalten, das ihren Gegenstand bildet. Zweifellos stehen hinter Reflexionen und Theorien über Naturvorgänge gewisse Absichten, und menschliche Absichten sind von menschlichen Werten beeinflußt. Doch Naturvorgänge drücken nicht selber diese Werte aus, auch nicht ihre Beschreibungen und Erklärungen, es sei denn in dem Maß, wie der Mensch Naturdingen, Pflanzen und anderen Lebewesen Eigenschaften zuschreibt, die sie nicht besitzen: Wünsche, Absichten und Haltungen gleich den seinen. Menschliches Denken über Nicht-Menschliches beginnt anthropomorph, wird es aber immer weniger, je mehr das Verständnis des Menschen dafür und für sich selber wächst. Es wird immer »wertfreier«, und zwar so, wie es mit dem menschlichen Denken über menschliches Verhalten nicht geschieht.

Diese Eigentümlichkeiten des reflektiven und theoretischen Denkens über das, was Menschen tun, macht es einem solchen Denken natürlich schwerer, »objektiv« und »wertfrei« zu sein. Ich sehe jedoch keinen Grund, warum sie das unmöglich machen sollten. Das Denken ist objektiv, wo es definite, folgerichtige und verbindliche Kriterien für Wahrheit oder Wahrscheinlichkeit gibt, die es erfüllt; es ist wertfrei, wenn es beschreibt oder erklärt, ohne offen oder versteckt Werturteile abzugeben. Das Denken über menschliches Verhalten bleibt nur deshalb, weil dieses Verhalten zweckgerichtet, oft vom menschlichen Denken darüber beeinflußt ist und häufig Werturteile auslöst oder ausdrückt, noch nicht von Objektivität und Wertfreiheit ausgeschlossen.

Die Aussage, das Denken beeinflusse, soweit es menschliches Verhalten betrifft, seinen Gegenstand, kann irreführend sein. Sie stimmt nicht strikt. Das fragliche Denken ist eindeutig nicht dasjenige, das einen Teil des Verhaltens bildet und dank dessen es sich um *diese* Art von Verhalten handelt. Denn die Äußerung, das Denken als ein Teil einer Aktion beeinflusse diese, kommt der anderen gleich, die Form einer Sache beeinflusse sie. Das Denken, das menschliches Verhalten beeinflußt, steht außerhalb des beeinflußten Verhaltens. Zweifellos wird sich jemand, der sich beobachtet weiß, anders verhalten, als er es ohne dieses Wissen täte. Doch das ist kein Einfluß einer Erkenntnis auf ihr Objekt, denn ihr Objekt ist nicht das Verhalten, sondern das Beobachtetsein. Würde er nicht beobachtet, sondern glaubte er es nur, beeinflußte diese falsche Überzeugung sein Verhalten auf die gleiche Weise. So dürfte sich auch ein Mensch, der »sein eigenes Verhalten beobachtet«, anders verhalten. Doch auch hier ist, genau genommen, das durch die Beobachtung beeinflußte Verhalten ihr nachgeordnet. Und auf jeden Fall läßt sich ein Gutteil menschlichen Verhaltens beobachten, ohne daß seine Träger dies bemerken; und außerdem kann sich ein Mensch bewußt machen, wie er sich verhielte, wenn er sich nicht dabei »beobachtete«. Wie man Menschen studieren kann, die sich unbeobachtet oder ohne Selbstbewußtsein verhalten, so lassen sie sich studieren, wenn sie unter Beobachtung stehen und ihrer selbst bewußt sind.

Wer meint, Überzeugungen über menschliches Verhalten seien »relativ«, geht zumeist nicht so weit zu sagen, man könne sie nicht hinsichtlich ihrer Wahrheit oder ihrer Wahrscheinlichkeit unterscheiden. Er leugnet nicht, daß es auf sie zutreffende Wahrheitskriterien gibt; er sagt nur, daß diese Kriterien von Gesellschaft zu Gesellschaft wechseln. Ohne Zweifel tun sie das in gewissem Maß. Doch man hat zu fragen: Wie unterscheiden sie sich, und welche Schlüsse sind daraus zu ziehen? Wendeten die Chinesen vor der Öffnung ihres Landes für westliche Einflüsse oder die alten Griechen andere Kriterien als wir zur Bestimmung der Wahrheit von gewöhnlichen, nichttheoretischen Feststellungen über menschliches Verhalten an? Es kann sein, daß ein Chinese oder ein alter Grieche, falls er auf Definitionen aus wäre, seine Kriterien anders definierte als ein ähnlich veranlagter Engländer. Doch gälte dies nicht gleicherweise für die Bestimmung der Wahrheit von gewöhnlichen Feststellungen über Naturvorgänge? Alle Definitionen, die chinesische, die griechische oder die englische, können fehlerhaft sein, und korrekte Definitionen der tatsächlich angewandten Kriterien zeigen wohl, daß sie es sehr wahrscheinlich sind.

Auf der Ebene der Theorie, nicht der alltäglichen Redeweise, können ihre Kriterien noch mehr voneinander abweichen; das heißt: ihre korrekten Definitionen müßten das zeigen. Doch das träfe vermutlich ebenso auf Kriterien für Naturvorgänge wie auf Theorien über menschliches Verhalten zu. Niemand bestreitet, daß die Naturwissenschaften Fortschritte gemacht haben, und sie taten das, indem sie sich strengere Methoden, präzisere Kriterien und Begriffe aneigneten, die es ihnen ermöglichten, immer mehr der untersuchten Phänomene klar und konzis zu erklären. Die Sozialdisziplinen machten weniger derartige Fortschritte als die Naturwissenschaften, aber einige unter diesen wiesen auch weniger als die anderen auf.

Daß menschliches Verhalten beträchtlich von Ort zu Ort und von Epche zu Epoche wechselt, hindert nicht daran, die Weisen, in denen es abweicht oder sich ändert, von denen zu unterscheiden, in denen es das nicht tut. Es hindert nicht daran, Gedanken zu entwickeln, mit deren Hilfe sich die Aspekte beschreiben lassen, unter denen es allenthalben oder in weiten Gebieten oder über lange Zeiträume gleich bleibt, und unter welchen nicht. Zweifellos sind die in jeder Gesellschaft oder jedem Zeitalter alltäglich verwendeten Gedanken zu diesem Zweck nicht geeignet. Wollen wir unser Verständnis für menschliches Verhalten erweitern, wollen wir klarer und zusammenhängender darüber denken, müssen wir häufig den Griff lockern, in dem uns der Alltagsgebrauch von Gedanken hält. Doch dies ist keineswegs ein Merkmal allein der Humanwissenschaften; es gilt auch für die Natur- und die Formaldisziplinen. Die Gedanken des Wissenschaftlers und auch des Historikers sind mehr oder weniger entfernte Vettern der »Alltags«-Gedanken. Wie Pascal schon vor dreihundert Jahren erkannte, fällt es schwer, systematisch, streng und ökonomisch zu denken, schwer sogar, die Gedanken zu verwenden, die wir eben zu diesem Zweck ausbilden, weil der Griff, in dem uns das Alltagsdenken hält, so fest ist. Doch obwohl es vielleicht dem Erforscher menschlichen Verhaltens schwerer fällt als dem Naturwissenschaftler, ist es möglich und den Versuch wert.

Die Ehe im heutigen England ist etwas anderes als im Griechenland zur Zeit des Aristoteles. Der über die Ehe reflektierende Engländer dürfte so über sie denken, wie er sie in seinem Land und zu seiner Zeit vorfindet; und das bedeutet, daß er – es sei denn, er sei vorsichtig – wahrscheinlich die Ehe mißversteht, wie sie vor dreiundzwanzig Jahrhunderten in Griechenland beschaffen war. Erlernt er jedoch den Gebrauch von Gedanken, die ihn zu der Erklärung befähigen, inwiefern sich die Ehe im heutigen England von der im antiken Griechenland unterscheidet und inwiefern sie sich gleichen, wäre es absurd zu sagen, er könne nicht anders, als diese Gedanken »unter einem englischen Gesichtspunkt« zu benutzen. Diese Äußerung ist selbst dann absurd, wenn er die griechische Ehe fehlerhaft erklärt. In dem Maß, wie seine Darstellung der griechischen Ehe von seiner Darstellung der englischen abweicht, beschreibt er nicht eine griechische Institution, als sei sie eine englische. Er darf bei seiner Darstellung der antiken griechischen Ehe ruhig Gedanken verwenden, die der griechischen Antike unbekannt waren, und das mögen im England des 20. Jahrhunderts erzeugte Gedanken sein. Und ihre Verwendung befähigt ihn vielleicht auch, wahre Aussagen über die girechische Ehe zu machen, die Aristoteles selber, da ihm diese Gedanken fehlten, nicht hätte machen können. Was kann mit der Äußerung gemeint sein, ein Engländer »verstehe« die griechische Ehe von »einem englischen

Blickpunkt« aus? Eindeutig muß sie mehr besagen, als daß ein Engländer dieses Verständnis hat. Falls er blaue Augen besitzt, kann man nicht sagen, er verstehe die griechische Ehe vom Blickpunkt eines Blauäugigen aus. Sein »Verständnis von einem englischen Blickpunkt aus« muß zu allermindest ein Verständnis (oder Mißverständnis) bedeuten, das er nicht hätte, wäre er kein Engländer. Nicht kann damit gemeint sein, er verstehe die griechische Ehe oder einen ihrer Aspekte nicht so, wie sie wirklich waren, sondern nur so, wie sie ihm erscheinen. Entweder er versteht sie, oder er mißversteht sie. Zu sagen, er »verstehe« sie so, wie er es nicht täte, wäre er kein Engländer, will besagen, er benutze zu ihrer Erklärung Gedanken, die er nicht verwendete, wäre er kein Engländer. Dies wären vermutlich nur in England gängige oder solche Gedanken, die einem Engländer mehr zusagen als sonst jemandem. Solche Gedanken können für das Verständnis der griechischen Ehe entweder eine Hilfe oder ein Hindernis sein. Daß es englische Gedanken sind, legt sie weder auf das eine noch auf das andere fest. Und es bedeutet nicht, daß es solche wären, die nur ein Engländer gebrauchen kann. Falls es gute Gedanken sind, falls sie helfen, die griechische Ehe zu verstehen, dann können Altphilologen in Frankreich oder Deutschland sie ebenfalls übernehmen. Sind es schlechte Gedanken, sind sie also hinderlich, tun englische Altphilologen gut daran, sie aufzugeben. Daß diese Gedanken zuerst in Engländern aufkamen, die auf die Ehe in England reflektierten, bedeutet nicht, daß sie ein für allemal für Deutsche oder Franzosen außer Reichweite lägen oder daß Engländer, selbst verheiratete, sie unbedingt verwenden müßten, wenn sie über die Ehe im antiken Griechenland schreiben.

Menschliches Verhalten drückt häufig, wenn auch nicht immer verbal, die »Werte« des Menschen aus, der es zeigt. In diesem Fall läßt es sich nicht ohne Bezug auf jene Werte erklären. Doch das bedeutet nicht, daß die Erklärung nicht »wertfrei«: daß sie nicht rein beschreibend und erklärend und ohne ausdrückliches oder implizites Werturteil darüber sein kann. Der Erklärer verfolgt zweifellos seine eigenen Absichten mit der Erklärung, und seine eigenen Werte bilden diese Absichten aus; aber er hätte sie auch, erklärte er nicht menschliches Verhalten, sondern Naturvorgänge. Es kann gut sein, daß Menschen, zumal nach der Phase, in der sie Naturgegenständen menschliche Eigenschaften zuschreiben, häufiger bei der Erklärung menschlichen Verhaltens als bei der von Naturvorgängen vom Weg der Wahrheitsermittlung abweichen. Doch das besagt nur, daß er schwieriger ist, hinsichtlich menschlichen Verhaltens objektiv zu sein. Und das bezweifelt niemand.

Wahrscheinlich wollen Leute mit der Aussage, Beschreibungen und Erklärungen menschlichen Verhaltens seien nie »wertfrei«, nicht ganz wörtlich genommen werden. »Jakob und Anna heirateten am 1. September«, wirkt nach außen hin ebenso rein beschreibend wie: »Am 6. November herrschte strenger Frost.« Die zweite Feststellung könnte, nicht weniger als die erste, verständlicherweise in der Absicht getroffen sein, jemanden als Lügner zu erweisen, doch das machte sie nicht zu einem Werturteil. Vielleicht haben diejenigen, die so etwas behaupten, nur Aussagen über Motive, Absichten, Vorlieben und Haltungen im Sinn. Die zur Kennzeichnung solcher »geistiger Einstellungen« verwendeten Wörter sind häufig sowohl beschreibend wie wertend. Doch das bedeutet nicht, daß man sie nie im ersten Sinn benützen könnte, ohne sie zugleich im zweiten zu gebrauchen. Einige Wörter haben laut Wörterbuch bis zu dreißig Bedeutungen, was nicht besagt, daß sie bei jedem Gebrauch in allen benutzt würden. Hat ein Wort mehrere Bedeutungen, beschreibende wie wertende, und muß es – ja kann es – nicht zugleich in ihnen allen verwendet werden: warum sollte es dann unmöglich sein, es in beschreibendem Sinn zu gebrauchen, ohne es zugleich für ein Werturteil zu benutzen? Doch das sei dahingestellt. Selbst wenn es stimmte, daß sich kein zur Abgabe von Werturteilen benutztes Wort je zur reinen Beschreibung oder Erklärung verwenden ließe, ergäbe sich daraus nicht, daß die Beschreibungen und Erklärungen, die es enthalten, nicht »objektiv« wären oder nur wahr »vom Blickpunkt« desjenigen aus, der sie gibt, und anderer, die seine Werte mit ihm teilen. Machiavelli billigte die politische Lüge, Savonarola vielleicht nicht. Der Satz: »Lorenzo war ein Lügner« ist sowohl beschreibend wie wertend, und der beschreibende Teil daran ist, falls er wahr ist, nicht weniger wahr als die Feststellung: »Florenz liegt in Italien«; und er hat die gleiche Bedeutung für Machiavelli wie für Savonarola.

Die Behauptung einer »Totalideologie« – daß allgemein Gedanken und Überzeugungen »relativ« zu den gesellschaftlichen Situationen oder Blickpunkten der Menschen, die sie haben, und nur ihnen verständlich oder »für« sie wahr seien – ist unhaltbar. Ebenso die Ansicht, daß es Gedanken und Überzeugungen seien, die spezifisch menschliches Verhalten betreffen.

Es gibt natürlich eine wichtige Unterscheidung zwischen zwei Funktionen von Überzeugungen und Theorien zu treffen: Sie dienen zur Beschreibung und zur Erklärung, und sie dienen zur Rechtfertigung und Anregung von Verhalten oder zu dessen Verurteilung und Hemmung, oder zum Ausdruck von Hoffnungen und anderen Gefühlen, oder zum Beschwichtigen von Ängsten. Die erste Funktion heißt häufig *deskriptiv*, die zweite verführend *(persuasive)*. Gewiß können dieselben Übezeugungen oder Theorien beide Funktionen erfüllen – was es um so wichtiger macht, zwischen ihnen zu unterscheiden. Überzeugungen und Theorien, die den Beweisen widersprechen oder unverifizierbar oder nicht kritisch geprüft sind, werden oft weithin und begierig angenommen, weil sie verführend sind. Die Frage, inwiefern solche Überzeugungen und Theorien in den einen Gemeinschaften und Gruppen, aber nicht in anderen aufkommen und akzeptiert werden, bildet einen wichtigen Bestandteil der gesellschaftlichen und historischen Forschung.

Gewöhnlich spricht man von Ideologie, wenn man überredende Theorien oder Überzeugungen im Sinn hat. Doch das Wort wird nicht nur zu ihrer Kennzeichnung benutzt. Man verwendet es in mehreren unterschiedlichen Bedeutungen und häufig in Zusammenhängen, die nicht klarstellen, in welchem Sinn es gebraucht ist. Mehr noch: Die in diesem Betracht einflußreichsten Sozialtheoretiker versäumten, zwischen diesen Bedeutungen zu unterscheiden, oder hielten es für ausgemacht, daß Überzeugungen, die im einen Sinn ideologisch sind, es auch in einem anderen sein müssen. Marxisten etwa sprechen oft von »bürgerlicher Ideologie«, als sei das sowohl ein Komplex von verführenden Überzeugungen wie auch ein Bild der Gesellschaft und der gesellschaftlichen Veränderungen, wie sie notwendig Menschen erscheinen müssen, die gesellschaftlich auf bürgerliche Art eingeordnet sind.

4. IDEOLOGIE ALS SUGGESTIVE ÜBERZEUGUNG UND THEORIE

Suggestive Überzeugungen

Eine Gruppe schiffbrüchiger Seeleute in Sturm und Lebensgefahr kann fälschlich oder mit gutem Grund überzeugt sein, Hilfe werde rechtzeitig eintreffen. Niemand würde eine derartige Überzeugung nur deshalb ideologisch nennen, weil sich die Seeleute zur Beschwichtigung ihrer Furcht daran klammern. Um als ideologisch zu gelten, muß eine Überzeugung so beschaffen sein, daß Menschen bei den meisten oder vielen Gelegenheiten einer bestimmten Art zu ihr greifen. Doch eine solche Überzeugung hängt gewöhnlich mit anderen zusammen. Sie gehört zu einem Komplex aufeinander bezogener Überzeugungen, zu denen eine Gemeinschaft oder Gruppe in ganz regelmäßig wiederkehrenden Situationen greift. Die Menschen, die diese Überzeugungen teilen, können sie allmählich erwerben, ohne zu bemerken, daß sie einen mehr oder weniger zusammenhängenden Komplex von Überzeugungen ausbilden. Es bedarf vielleicht eines Soziologen oder eines Sozialanthropologen, um zu erklären, wie sich diese Überzeugungen aufeinander beziehen, und die Situationen zu definieren, in denen man sich an sie hält.

Häufig teilt eine Gemeinschaft oder Gruppe mehrere unterschiedliche Ideologien, von denen jede in sich selber ausreichend zusammenhängt, wobei sich einige mit anderen überschneiden, doch zusammengenommen bilden sie kein Überzeugungssystem, das in sich ein kohärentes Ganzes wäre. Ideologien, an die sich Menschen bei verschiedenartigen Gelegenheiten halten, brauchen nicht miteinander zusammenzuhängen. Sie haben keine Harmonie, kein Fehlen von Auseinandersetzungen innerhalb der Gemeinschaft oder Gruppe oder von »Spannungen« zwischen ihren Angehörigen zur Voraussetzung. In einer großen und komplexen Gemein-

schaft gehören die meisten Menschen verschiedenen Gruppen an, die unterschiedliche Mitglieder haben, so daß jeder mit anderen unterschiedliche Ideologien teilt.
So verstandene Ideologie ist in »primitiven« Gemeinschaften nicht weniger wichtig als in »entwickelten«. In beiden werden ideologische Überzeugungen von Generation zu Generation weitergegeben. Dies geschieht in weitem Maß bewußt; Überzeugungen werden gelehrt, nicht nur erworben. Die Lehrer betrachten sich zumeist nicht als »Verführer« – es sei denn in dem Sinn, daß jeder Lehrer ein solcher ist. Das besagt, sie bemerken nicht, daß die von ihnen gelehrten Überzeugungen suggestiv sind. Dies gilt eindeutig für Lehrer in primitiven Gemeinschaften, denn ihnen ist der bloße Gedanke einer suggestiven Überzeugung unbekannt. Es gilt aber auch zum Teil für Lehrer in entwickelten und aufgeklärten Gemeinschaften, denen der Gedanke weithin vertraut ist. In primitiven Gemeinschaften gibt es wenige oder keine berufsmäßigen Lehrer. In »fortgeschrittenen« dagegen viele; und wenn der Gedanke suggestiver Überzeugungen überhaupt vertraut ist, dann wohl am meisten den Lehrern und anderen – Journalisten, Schriftstellern, Verlegern –, deren Geschäft es ist, Informationen zu liefern und Überzeugungen einzuschärfen. Doch selbst in den aufgeklärtesten Gemeinschaften erkennen die Vermittler suggestiver Überzeugungen oft nicht, daß sie eben die sind.
Jeder Lehrer und Publizist ist natürlich ein Verführer und weiß, daß er es ist. Der Physiker oder Biologe ohne Privatinteressen möchte andere von der Wahrheit dessen überzeugen, was er sagt. Daneben gibt es Zeiten, in denen er doch Privatinteressen verfolgt, wenn er nämlich einen Rivalen ausstechen oder für sich oder sonst jemanden etwas erreichen will. Der Politologe oder der Theologe haben genau die gleichen Lehrmotive wie der Physiker; es kann ihnen vorwiegend darum gehen, daß andere die von ihnen für wahr gehaltenen Überzeugungen teilen, oder er kann darauf aus sein, etwas anderes zu erreichen. Was Politologie und Theologie weit anfälliger als Physik und Biologie für Ideologie macht, hat nichts mit den Absichten des Politologen oder Theologen zu tun; es hat einzig mit den Motiven und Gefühlen derjenigen, welche die Überzeugungen annehmen, zu tun, und damit, wie

sie sich aufgrund dessen verhalten. Werden die Überzeugungen weithin deshalb angenommen, weil sie Gefühle ausdrükken oder hemmen, und fördern oder behindern sie gewisse Verhaltensarten, und zwar nicht nur gelegentlich, sondern bei allen oder den meisten Gelegenheiten einer bestimmten Kategorie: Dann sind sie »suggestiv«. Der Vermittler der Überzeugungen kann Gefühle wecken oder hemmen, Verhalten zu fördern oder zu verhindern wollen oder nicht, aber er braucht es nicht zu wollen, damit diese Überzeugungen »suggestiv« oder ideologisch seien.

Andererseits sind Überzeugungen nicht stets ideologisch (in dem jetzt erörterten Sinn), wenn ihr Vermittler beabsichtigt, Gefühle und Verhalten zu beeinflussen. Wer in einem vollen Theater »Feuer« ruft, propagiert keine ideologische Überzeugung, selbst dann nicht, wenn er böswillig handelt und es nicht brennt. Denn eine ideologische Überzeugung ist, wie gesagt, so geartet, daß sich eine Gemeinschaft oder soziale Gruppe* bei bestimmten Gelegenheiten an sie hält, und sie bildet fast stets einen Teil in einem Komplex solcher Überzeugungen – auch wenn dieser Komplex keine Theorie sein muß.

In fortgeschritenen Gesellschaften befassen sich suggestive Überzeugungen zumeist damit, wie sich die Menschen verhalten oder verhalten sollten, oder es sind theologische Überzeugungen. Ein hoher Anteil daran ist in Theorien eingebaut. Ja, viele erblicken im Druck zum erstenmal das Tageslicht. In primitiven Gesellschaften sind Überzeugungen über Naturvorgänge gleichfalls häufig ideologisch. Das bedeutet natürlich nicht, daß wir unter den in primitiven Gesellschaften kursierenden Überzeugungen nicht zwischen den ideologischen und den anderen unterscheiden könnten. Primitive Völker müssen nicht weniger als fortgeschrittene wahre Beschreibungen und Erklärungen geben oder erhalten, und zwar von Naturvorgängen wie von menschlichem Verhalten, und sie bestimmen ihre Wahrheit durch weithin die gleichen Krite-

* An dieser Stelle sehe ich von Kennzeichnungen und Unterscheidungen ab, die ich später machen werde. Eine Ideologie, die für die meisten Menschen in einer Gemeinschaft oder Gruppe wenig oder nichts bedeutet, kann deren Führern Erhebliches bedeuten.

rien, die unter ähnlichen Umständen bei aufgeklärten Völkern gelten. Sie definieren diese Kriterien nicht, doch das tun auch die meisten Menschen in fortgeschrittenen Gesellschaften nicht – denn die meisten sind keine Logiker. Auch gibt es bei allen Völkern Beschreibungen und Erklärungen, auf die man diese Kriterien nicht oder so beiläufig anwendet, daß ihr »suggestiver« Charakter nicht beeinträchtigt wird.

In primitiven Gesellschaften unterscheidet, obwohl es ideologische und andere Überzeugungen gibt, niemand zwischen ihnen. In fortgeschrittenen Gesellschaften, in denen zumindest einige auf geistige Prozesse reflektieren, unterscheiden diese zwischen den Arten von Gedanken und deren Anwendung, zwischen verschiedenartigen Überzeugungen und deren Auswirkungen. Man unterscheidet formale von empirischen Wissenschaften und unter den empirischen zwischen Natur- und Human- oder Sozialwissenschaften. Außerdem trennt man unter den Humandisziplinen, wenn auch weniger sicher, die »exakten« von den historischen: Versuche, Gesetze zu entdecken oder, wie manche lieber sagen, Hypothesen aufzustellen und Theorien zu bilden, die Gesetze und Hypothesen aufeinander beziehen, von Versuchen, das Verhalten bestimmter Personen oder Personengruppen bei bestimmten Gelegenheiten zu erklären. Man unterscheidet Theologie und Mythologie – Darstellungen von Wesen und Vorgängen, denen man in der Alltagserfahrung oder bei wissenschaftlichen Forschungen nicht begegnet – von exakter und historischer Wissenschaft.

Man unterscheidet weiterhin den Gebrauch von Gedanken für beschreibende und erklärende Zwecke von anderen Arten des Gebrauchs: dem Fordern, dem Befehlen, dem Beurteilen von Werten, dem Ausdruck von Stimmungen und Gefühlen und so fort. Obwohl dieselbe Rede oder Schreibe mehrere dieser Verwendungsweisen kombinieren kann, lassen sich diese selber unterscheiden; was natürlich nicht bedeutet, daß stets leicht zu entscheiden wäre, welcher Gebrauch von bestimmten Gedanken gemacht wird. Ja, es gibt weiterhin erhebliche Meinungsverschiedenheiten zwischen Philosophen und anderen, wie diese unterschiedlichen Verwendungsweisen zu definieren seien – Zwiste, die wir glücklicherweise nicht zu erörtern brauchen. Doch wir müssen zumindest, wenn auch derart summarisch, Notiz von ihnen nehmen, wenn wir verstehen wollen, was Ideologie im Sinn suggestiver Überzeugung ist.

Zunächst gilt es zu bemerken, daß Ideologie offenkundig beschreibend und erklärend ist. Ideologische Überzeugungskomplexe oder Theorien teilen mit, wie die Dinge sind oder waren, und weshalb sie so sind oder waren. Regeln und Normen sind an sich nicht ideologisch, ebensowenig Werturteile. Auch Forderungen und Befehle und der Ausdruck von Stimmung oder Gefühl sind es nicht. Kunst, rein als solche, ist nicht ideologisch. Ideologie ist *primär* »suggestiv« und erst, wenn man so will, *sekundär* »anordnend«. In dieser Hinsicht gleicht sie einer Fabel Äsops oder La Fontaines; sie ist nach außen hin eine Erzählung, wenn auch eine, die auf eine Moral verweist. Gäbe es nur die Moral und nicht die Erzählung, läge keine Ideologie vor; und in Worte wird stets die Erzählung gefaßt, nicht immer die Moral. Überdies könnte der Erzähler auf keine Moral verweisen wollen. Ideologisch wird die Erzählung dadurch, daß das Publikum bewußt oder unbewußt eine Moral daraus ableitet.

Die ideologische Erzählung braucht nicht falsch und, genau genommen, auch keine Erzählung zu sein. Sie muß nicht Mythologie oder Geschichte sein. Sie kann danach trachten, eine Handlung oder ein Ereignis bestimmter Art zu erklären; sie kann wissenschaftlich oder pseudowissenschaftlich sein. Und es mag sich um eine solche allgemeine Erklärung von der Art handeln, daß ihre Vermittler oder Empfänger einräumen, sie sei nicht wissenschaftlich, obwohl sie behaupten, sie sei wahr. Viele ideologische Überzeugungskomplexe oder Theorien sind zudem offenkundig anordnend; sie enthalten Anweisungen und Ratschläge, wie sich Menschen verhalten sollen, und geben Werturteile ab. Doch die Anregungen und Ratschläge und die Werturteile werden von Aussagen gestützt, die vorgeben, wesentliche Tatsachen zu beschreiben oder zu erklären. Ohne dies wäre der Überzeugungskomplex nicht ideologisch. Ebensowenig wäre er ideologisch, drückte er nur, zusätzlich zu den beschreibenden und erklärenden Elementen, die Gefühle seiner Propagandisten aus. Um ideologisch zu sein, muß er einen Überzeugungskomplex darstellen, an den sich eine Gemeinschaft oder eine soziale Gruppe in Situationen bestimmter Art gewöhnlich hält. Sie kann natürlich danach (oder nach Teilen davon) greifen, um ihre Gefühle zu äußern oder zu erleichtern: aber eigentlich ideologisch wird er dadurch, daß sie sich daran hält. Eine Ideologie in diesem Sinn ist ein Besitz oder ein Hilfsmittel einer sozialen Gruppe, verwendbar bei passenden Gelegenheiten.

An dieser Stelle kann der Leser den Eindruck haben, ich verfahre eigenmächtig. Bestehe ich nicht darauf, ein Wort auf eine bestimmte Weise zu verwenden, statt zu erklären, wie es gebraucht wird? Sprach nicht Marx, der mehr als sonst jemand das Wort »Ideologie« in die Sozialtheorie einführte, davon, daß Recht und Moral ideologisch seien? Folgen nicht viele Soziologen seinem Beispiel? Falls etwas gesellschaftlich bestimmt ist und sich von Gesellschaft zu Gesellschaft und von Epoche zu Epoche ändert, dann doch wohl Recht und Moral? Wenn Pascal, obwohl er Mathematiker und Physiker ebenso wie Moralist war, sagte, was diesseits der Pyrenäen richtig sei, sei jenseits falsch, dachte er nicht an die Theoreme des Euklid oder auch an das von der Kirche verurteilte kopernikanische System, sondern an Gesetze und moralische Vorschriften. Er unterschied sich von den heutigen Soziologen durch seine Bereitschaft, Verhaltensregeln richtig oder falsch zu nennen (obwohl er es in diesem Fall ironisch tat), während man heutzutage eher sagt, sie würden akzeptiert oder nicht, sie paßten zu bestimmten Situationen oder nicht, sie stimmten zueinander oder nicht, sie seien im Hinblick auf eine von ihnen unterschiedene Norm gültig oder nicht gültig. Warum dann nicht alle Verhaltensregeln ideologisch nennen? Warum dann nicht dem Beispiel Marx' und anderer folgen? Weil es Gedankenverwirrung stiftet. Marx machte sich nicht die Mühe, Regeln von Überzeugungen und Argumenten zu unterscheiden, die sie tragen. Wenn er von Moral sprach, meinte er oft unterschiedslos die Regeln und deren Grundlagen, wie wir alle es gewöhnlich halten, solange wir keinen besonderen Grund haben, es nicht zu tun. Sprechen wir von moralischen Überzeugungen, haben wir häufig sowohl die Regeln im Sinn, die angewandt werden, um Verhalten zu lenken oder zu beeinflussen, wie auch die für wahr gehaltenen Sätze. Für gewöhnliche Zwecke besteht keine Notwendigkeit, zwischen beiden zu unterscheiden, doch der Sozialtheoretiker

sollte es tun. Marx wäre gewiß gut beraten gewesen, die Unterscheidung zu treffen, denn hätte er es getan, hätte er vielleicht klarere Gedanken über gesellschaftliche Verhältnisse gewonnen. Er versuchte, diese Verhältnisse von dem zu unterscheiden, was er den ideologischen Überbau nannte, in den er Recht und Moral einschloß. Doch ein gesellschaftliches Verhältnis ist wesentlich normativ: die Personen, die es miteinander verbindet, haben Ansprüche gegeneinander, die sie kennen oder kennen sollten. Das Verhältnis läßt sich nicht unabhängig von den Regeln definieren, deren Einhaltung es zu ebendiesem Verhältnis macht. Ich gab oben zu bedenken, daß es möglich und nützlich sein könnte, die gesellschaftlichen Verhältnisse in zwei Arten aufzuteilen, und nannte die einen »primär«, die anderen »sekundär«. Die Unterteilung ließe sich vielleicht so treffen, daß sekundäre Verhältnisse einleuchtenderweise deshalb ideologisch heißen könnten, weil sie zusammen mit Ideologien entstehen. Wo immer etwa Priester vorhanden sind, herrschen bestimmte Verhältnisse zwischen ihnen selber und zwischen ihnen und den Laien. Diese Verhältnisse lassen sich nur im Bezug auf die Überzeugungen und Riten definieren, die eine Religion ausmachen; der Priester ist der Lehrer dieser Überzeugungen, der Verwalter der Riten. Und Religion ist eine Form der Ideologie.
Oder ein anderes Beispiel. Es gibt spezifisch gesetzliche (im Unterschied zu bloß gewohnheitsmäßigen) Regeln nur in Gemeinschaften oder Gruppen, in denen das Recht, gewisse Regeln zu interpretieren und auf ihre Befolgung zu dringen, auf Personen beschränkt ist, die es auf vorgeschriebenen Wegen erlangen. Genau dies meint man im Grunde gewöhnlich, wenn man sie gesetzliche Vorschriften nennt. Nun läßt sich sagen, daß dieses Recht nur in Gemeinschaften oder Gruppen aufkommt, in denen Menschen auf Regeln reflektieren und bestimmte Überzeugungen darüber und über ihren Usprung und ihre Anwendungsweise gewinnen; Überzeugungen, die sie ausreichend diskutieren, um sicher zu sein, daß sie sich darüber einig sind. In diesem Fall haben sie etwas gemeinsam, das eine Gesetzestheorie heißen kann, auch wenn sie nicht schriftlich fixiert ist und religiöse Überzeugungen enthält. Diese Theorie ist in dem Maß ideologisch, wie sie dazu dient, Gefühle und Einstellungen aufrechtzuerhalten, die gewähr-

leisten, daß die Gesetzesinterpretatoren ihre Funktionen ausüben können. Es läßt sich sagen, daß es überall, wo gesetzliche im Unterschied zu bloß gewohnheitsmäßigen Regeln vorhanden sind, eine Rechtsideologie gibt.

Das Merkmal moralischer Regeln ist nicht, daß sie offiziell interpretiert und bekräftigt werden, sondern daß sie bewußt von anderen Regeln abgesetzt und in einen Sonderstatus erhoben sind. Verbunden mit ihnen sind – religiöse oder andere – Überzeugungen, die das Volk besonders abgeneigt machen, sie zu brechen oder sich des Bruchs verdächtigen zu lassen. Daher gibt es (wenn man so will) keine spezifisch moralischen Regeln, es sei denn dort, wo gewisse Regeln von Überzeugungen getragen werden, die ihnen einen übergeordneten Rang zusprechen. Diese Überzeugungen werden von den meisten Menschen geteilt und sind als Gemeingut bekannt. So läßt sich vorbringen: Wo es eigentliche moralische Regeln gibt, finden sich nicht nur ideologische Überzeugungen, die sie tragen; es gibt ebenso eine, wenn auch noch so rudimentäre, Moraltheorie, die bewußt gewisse Verhaltensregeln über andere setzt. Möglicherweise hatte Marx derartige Erwägungen undeutlich im Sinn, als er Recht und Moral dem »ideologischen Überbau« zuordnete. In Marx' Schriften findet sich keine genaue Darstellung von Recht und Moral. Geschweige denn von Ideologie. Er bietet keine präzisen Definitionen davon und erklärt nicht, wie sie zusammenhängen. Doch er sagt von Ideologie, sie sei »falsches Bewußtsein«; sie sei eine mehr oder weniger weithin geteilte Illusion; sie sei beharrlich und verführerisch. Sie bestehe aus falschen Vorstellungen über gewisse wichtige Klassen von Dingen oder Vorgängen, geteilt von einer Gemeinschaft oder Gruppe und ausgedrückt oder impliziert durch die ihr eigentümliche Denk- und Sprechweise. Nun sind bloße Regeln, welcher Art auch immer, eindeutig kein falsches Bewußtsein. Unvorstellbar, daß Marx, daraufhin befragt, dies behauptet hätte. Er meinte nicht einmal, wo es wichtige gesellschaftliche Regeln gebe, liege immer auch falsches Bewußtsein vor. Beispielsweise meinte er zwar, in der künftigen kommunistischen Gesellschaft gebe es solche Regeln, doch keine falschen Vorstellungen oder Illusionen der Art, die er »falsches Bewußtsein« nannte. In der kommunistischen Gesellschaft werden die

Menschen endlich sich selber und ihre Umwelt so verstehen, wie sie wirklich sind. Sie kommen ohne durch Autorität bekräftigte Regeln aus; sie werden kein Recht haben, wie man es in der bürgerlichen Gesellschaft kennt. Und sie sind nicht auf die Weise »moralisch« wie Menschen in einer bürgerlichen Gesellschaft; sie haben nicht die gleiche Einstellung zu wichtigen gesellschaftlichen Regeln. Dennoch werden sie nicht ohne Regeln sein, obwohl ihnen das falsche Bewußtsein fehlt.

Eine Ideologie ist stets weithin beschreibend. Aber sie muß nicht falsch sein. Das soll sagen: Das Wort Ideologie in dem eben erörterten Sinn wird häufig auf Überzeugungskomplexe oder Theorien angewandt, die nicht oder nur in geringem Maß falsch sind. Sie werden unkritisch angenommen, oder, wenn auch nicht immer unkritisch, dann aus anderen Gründen, doch nicht, weil man sie für wahr hält. Zweifellos halten sie diejenigen, die sie akzeptieren, für wahr, es sei denn, sie täuschen ihr Akzeptieren nur vor. Phantasien oder dichterische Erfindungen, die als solche erkannt werden, sind nicht ideologisch, auch wenn sie heftige Gefühle ausdrücken und wichtige Wirkungen erzielen. Kunst ist nicht ideologisch, obwohl der Protagonist ideologischer Überzeugungen zuweilen ein großer Künstler ist und oft etwas Künstlerisches an sich hat. Ideologie regt Kunst an, kann aber auch anderen als künstlerischen Ausdruck finden, ebenso wie sie sowohl gute wie auch schlechte Kunst bewirken kann und dennoch dieselbe Ideologie ist. Doch Kunst und Ideologie sind eng verbunden: enger als Kunst und Wissenschaft oder als Kunst und Alltagsvernunft.

Heutige Marxisten sprechen nicht so von Ideologie, als sei sie stets eine Form von falschem Bewußtsein. Sie benutzen sogar Formulierungen wie »die kommunistische Ideologie« oder »die Ideologie des Proletariats« – Formulierungen, die ältere Marxisten vermeiden. Wenn sie sogar den Marxismus eine Ideologie nennen, denken sie ihn vielleicht so, daß er dazu dient, eine Partei oder eine Klasse zusammenzuhalten und ihre Aktionen zu steuern. Denken sie ihn primär als eine Erklärung für den Ablauf gesellschaftlicher Veränderungen, nennen sie ihn eine Theorie. Doch hier haben Theorie und Ideologie dieselben Inhalte, oder die Ideologie wird als die verknappte Theorie gedacht. Diese Theorie oder Ideologie sei, so meinen sie, wesentlich wahr, obwohl sie zuweilen von ihren Anhängern falsch angewendet werde. Marxisten sind vielleicht nicht mehr als andere Menschen bereit, ihre Fehler zuzugeben, doch wenn sie es tun, erweisen sich die Fehler oft als erheblich, und es kommt zu einem üppigen Schauspiel von Schuld und Reue. Nichtsdestoweniger gilt die (wenn auch allzuhäufig falsch angewandte) Ideologie als im wesentlichen für wahr. Dennoch verstehen sie die Marxisten, die diesen Anspruch für sie erheben, als etwas, das sich seiner Art nach von den gewöhnlichen empirischen Wissenschaften, auch von den Sozialwissenschaften, unterscheidet. Wenn sie diese Ideologie (wie sie es zuweilen tun) »wissenschaftlich« nennen, verwenden sie das Wort in einem besonderen Sinn. Ihre Theorie ist nach ihrem Verständnis anders beschaffen als eine Theorie in den empirischen Disziplinen; sie ist kein Komplex von Annahmen und Prinzipien zu dem Zweck, durch Experimente oder andere Zugänge zu den Tatsachen bestätigte Hypothesen miteinander zu verbinden und neue Hypothesen zur Bestätigung aufzustellen. Sie behaupten natürlich von dieser Ideologie, sie sei mit den durch solche Methoden bestätigten maßgeblichen Hypothesen vereinbar, erheben aber, zumindest implizit, einen höheren Anspruch. Sie denken die Ideologie als eine Interpretation der Geschichte, des Ablaufs von gesellschaftlichen und kulturellen Veränderungen; und sie bringen deren »Bedeutung« auf eine Weise zum Vorschein, wie es die Theorien des bloßen Soziologen und die Erklärungen des bloßen Historikers nicht können. Sie enthüllen die Geschichte der Menschheit als einen Fortschritt, in dem die Menschen ihre Fähigkeiten entwickeln, wie sie auch ihr Verständnis für die menschliche Natur und den Gang der Veränderungen vertiefen, in den ihre Art einbezogen ist; und dabei lernen sie ihre Umwelt zu beherrschen und ihre Ziele als entwickelte menschliche Wesen zu erreichen.

Der Nicht-Marxist teilt die marxistische Wertschätzung dieser Theorie nicht, er wird vieles daran als falsch konzipiert betrachten. Sowohl der Marxismus Marx' wie die beträchtlich davon abweichenden Theorien, die jetzt unter dem Namen Marxismus-Leninismus laufen, gelten ihm vielleicht als durchaus gute Beispiele falschen Bewußtseins. Und dennoch kann er einräumen, daß die Überzeugungskraft dieser Theorien nicht so sehr in denjenigen ihrer Lehren liegt, die sich als inkonsequent, verworren oder im Widerspruch zu den Tatsachen erweisen lassen, wie in einer Vorstellung vom Menschen, die vielleicht nicht verifizierbar, aber trotzdem einleuchtend ist. Es ist die Idee des Menschen als eines Wesens, das durch Tätigkeit seiner Art eigentümliche Fähigkeiten entwickelt, so seiner selbst bewußt und rational wird und dabei eine gesellschaftliche Welt und eine Gedankenordnung hervorbringt, in deren Begriffen er sich und seine Umwelt definiert; eines Wesens, einbezogen in einen Ablauf von Veränderungen, in dem er und seine gesellschaftliche Welt sich ständig verändern und in denen er sich so behindert sieht, daß sich schließlich sein Selbst-Wissen vertieft und seine Beherrschung der Umwelt steigert; eines Wesens, das endlich lernt, das Maß seiner eigenen Bedürfnisse und Bestrebungen zu erfassen und rational auf ihre Befriedigung hinzuwirken. Diese Idee des Menschen als eines sich selber verwandelnden und fortschrittlichen Wesens ist weder inkonsequent noch unverständlich. Obwohl heutige Historiker und Sozialtheoretiker Teile davon akzeptieren, nehmen sie – es handle sich denn um Marxisten – die Idee nicht als Ganzes an. Sie ist, als Ganzes verstanden, nicht das Gefüge von Annahmen, auf dem deren Erklärungen beruhen. Noch ist es eine Idee des Menschen, die alle Menschen teilen. Sie ist keine Hypothese oder eigentlich kein Komplex von Hypothesen, die der Soziologe oder der Historiker bestätigen oder falsifizieren kann. Ebensowenig ist sie ein Aktionsprogramm oder ein Moralkodex oder eine so zurechtgemachte Sammlung von Wertanteilen, daß sie wie eine Beschreibung aussieht. Obwohl Menschen, die diese Idee akzeptieren, vielleicht geneigt sind, auch gewisse Werte zu akzeptieren, bedeutet die Formulierung der Idee noch keine Definition der Werte. Auch ist diese Idee keine falsche Vorstellung. Sie akzeptieren heißt nicht, die Motive, Gefühle und Absichten irgendwelcher Menschen oder ihre Institutionen oder Gedanken mißverstehen. Noch weniger bedeutet es, die Existenz von Wesen oder das Auftreten von Vorgängen bestätigen, die außerhalb der alltäglichen Erfahrung liegen oder den empirischen Wissenschaften unbekannt sind. Die Idee ist keine Form falschen Bewußtseins, und sie ist nicht leer.

Zweifellos folgt aus dieser Idee *allein* nichts. Ich habe sie summarisch und wohl auch unadäquat dargestellt; aber auch wenn sie vollständig und auf eine Weise vorgeführt würde, die ihr mehr Gerechtigkeit widerfahren ließe, folgte aus ihr allein nichts. Es ist, wie ich meine, eine Idee, die sich den Schriften Marx' entnehmen läßt, obwohl er selber sie nicht klar formulierte. Doch jedermann kann sie akzeptieren, ohne logisch gezwungen zu sein, Marx' Ansichten über die Beziehung von Sein und »Bewußtsein« oder seine Darstellung der kapitalistischen Wirtschaft oder des bürgerlichen Staats oder der Klassen und ihrer Konflikte zu akzeptieren – oder irgendeine andere seiner Lehren, die sich empirisch bestätigen oder widerlegen läßt. (Nicht, daß ich eine dieser Lehren herabsetzen möchte. Obwohl sie sämtlich in gewissem Grad dunkel sind und keine als ganze annehmbar ist, enthalten sie Gedanken und Denkhinweise von großem Wert für den Sozialwissenschaftler oder den Historiker.)

Wer immer die Idee des Menschen akzeptiert, die ich zusammenzufassen suchte, muß auch andere Gedanken akzeptieren, wenn er imstande sein soll, Hypothesen aufzustellen, die sich durch die Konfrontation mit Tatsachen prüfen lassen, oder praktische Schlußfolgerungen zu ziehen. Diese anderen Gedanken muß er nicht von Marx übernehmen. Doch woher er sie auch nimmt, er muß sie mit dessen Konzeption kombinieren: mit einer Konzeption, die, wie gesagt, keineswegs einfach ist. Diese Konzeption des Menschen wird ihn nicht hindern, die Ergebnisse zu akzeptieren, die Sozialwissenschaftler mit empirischen Methoden erzielen, obwohl sie ihn veranlassen kann, einige davon neu zu formulieren, so daß sie mit der Konzeption übereinstimmen. Und sie wird ihn natürlich häufig dazu bringen, aus den Tatsachen praktische Schlußfolgerungen abzuleiten, die er sonst nicht zöge.

Der Marxist, der diesen Namen verdient, muß von Marx weit mehr übernehmen als diese Konzeption des Menschen. Übernähme er nur sie, gälte er nicht als Marxist. Ja, es ist sogar eine Idee, die Marx nie klar darstellte und die viele Marxisten übernahmen, ohne sie ganz zu verstehen – trotz der vielen Echos, die sie in ihrem Denken fand. Gefragt, was in ihrem Denken spezifisch marxistisch sei, verwiesen sie vermutlich nicht auf diese Idee, sondern auf vertrautere und obskurere Lehren, einige unter ihnen voll reichlich »falschem Bewußtsein« – auf Lehren, die nur deshalb weniger obskur wirken, weil sie vertrauter sind, indem sie lange in hübsche Floskeln eingeschlossen waren. Doch meine augenblickliche Aufgabe ist nicht, die Marxismusansprüche der Marxisten darzustellen. Ich habe den Marxismus nur dazu benutzt, um mir zu dieser Schlußfolgerung zu verhelfen: daß eine Ideologie ohne dazugehöriges »falsches Bewußtsein« prinzipiell möglich sei. Eine Ideologie dieser Art bestände nicht einfach aus exakter Wissenschaft und Geschichte samt einem hinzugefügten auffordernden Element. Sie enthielte auch eine Idee des Menschen, eine Interpretation seiner Tätigkeiten, vereinbar mit den Resultaten des Psychologen und Soziologen, doch nicht davon vorherbestimmt. Dennoch wäre diese Ideologie ein Produkt der Reflexion, eine Frucht der Erfahrung. Sie wäre eine Überzeugung oder ein Komplex von Überzeugungen über den Menschen und nicht nur ein Gefühl oder eine Haltung oder eine Einstellung, ausgedrückt in Worten.

Obwohl eine Konzeption dieser Art nicht selber illusionär ist, kann sie Bestandteil einer Ideologie sein, die eine erhebliche Dosis Illusion an sich hat. Vermutlich findet sich in jeder Philosophie oder dogmatischen Religion, die ihre Anhänger tief beeinflußt, eine solche Idee des Menschen: eine Idee, die weder eine Illusion noch eine verifizierbare Hypothese, noch auch eine Annahme ist, auf die sich gesunder Menschenverstand oder wissenschaftliche Darstellungen menschlichen Verhaltens stützen.

Marx schloß in das »falsche Bewußtsein« alle Formen religiöser Überzeugungen ein, doch gibt es andere Sozialtheoretiker, die zwar auch areligiös sind, aber trotzdem Marx' diesbezügliche Darstellung nicht oder nur teilweise annehmen. Sie räumen ein, daß es religiöse Überzeugungen gibt, die sich durch exakte oder historische empirische Forschungen weder bestätigen noch widerlegen lassen, und daß diese Überzeugungen nichtsdestoweniger einleuchtend sind. Dies sind keine Überzeugungen über den Menschen; es sind keine Überzeugungen der Art, wie ich sie eben erörterte. Marx hieße sie Phantasien, doch jene anderen Sozialtheoretiker zögerten, das zu tun, und dies nicht einfach aus dem Bedürfnis, respektvoll über harmlose oder sogar nützliche Überzeugungen zu sprechen, die sie nicht teilen. Illusionen und Phantasien nach dem üblichen Sprachgebrauch betreffen Dinge und Ereignisse im Bereich der gewöhnlichen Erfahrungen, jene Überzeugungen jedoch nicht. Wer Überzeugungen dieser Art akzeptiert, nimmt auch diese oder jene Idee vom Menschen an. Die Überzeugungen und die Idee sind für ihn eng verbunden. Einige der Überzeugungen betreffen in der Tat Gott oder die Götter in ihrem Verhältnis zum Menschen. Doch läßt sich aus ihnen eine Idee des Menschen herauslösen, die man ohne Bezug auf andere als menschliche Wesen definieren kann.

Religion als Ideologie

Politische Theoretiker und Philosophen des Westens begannen eigentlich erst im 18. Jahrhundert ernstlich zu fragen, wie es eigentlich komme, daß Menschen religiöse Überzeugungen hegen. Bis dahin hatte man sich darauf beschränkt, die Lehren der Theologen zu prüfen, zumal ihre Gottesbeweise, die man zum Teil annahm, zum Teil verbesserte oder ablehnte. Zuweilen hatte man Zweifel an den traditionellen Darstellungen über die Ursprünge bestimmter Religionen geäußert, aber wenig über die Ursprünge der Religion allgemein oder über ihren Platz im Leben des Menschen oder über die verschiedenen Religionsarten zu sagen gewußt. Gewöhnlich hatte man die Religion als Grundlage der Moral gelten lassen und religiösen Fanatismus beklagt – Machiavelli etwa, der Religion für eine gute Sache hielt. Die Religionsstifter, so meinte er, seien als Wohltäter der Menschheit mehr zu bewundern als die Staatengründer. Obwohl er sich hütete zu leugnen, daß das Christentum göttlichen Ursprungs sei, meinte er von den Stiftern anderer Religionen eindeutig, sie seien vorwiegend von politischen Motiven geleitet gewesen. Hobbes war weniger geneigt, die Religionsstifter zu loben, obgleich er nichts gegen sie sagte. Sie seien Menschen, die behaupteten, Gott habe zu ihnen gesprochen, und die seine Botschaft anderen Menschen mitteilten; es gebe falsche und echte Propheten. Der Herrscher habe zu entscheiden, wer die echten Propheten seien, da voneinander abweichende religiöse Überzeugungen eine

Gefahr für den inneren Frieden darstellten. Die meisten politischen Theoretiker, auch Vorkämpfer der Toleranz wie Locke, verurteilten den Atheismus.

Im 18. Jahrhundert kam es wie nie zuvor zu Spekulationen über die weltlichen Ursprünge von religiösen Überzeugungen und Mythen. Sie seien, so hieß es, Produkte der Neugierde, der Unwissenheit und der Angst. Weil der Mensch fähig sei, Fragen zu stellen und Antworten zu entdecken oder zu finden, habe er Überzeugungen statt bloßer Gewohnheiten und Erwartungen. In der »Kindheit« einer Rasse stelle der Mensch kindliche Fragen und gebe kindliche Antworten. Er verstehe nicht, inwiefern er sich von anderen Lebewesen unterscheide, und habe noch nicht gelernt, das Unbelebte vom Belebten zu trennen. Anderen Lebewesen und leblosen Dingen schreibe er ähnliche Gefühle und Absichten zu, wie er sie selber hege. Er sei das Opfer vieler Ängste, die er durch die Versöhnung von mutmaßlich ihm feindlich gesinnten Geistern zu beschwichtigen suche. Nehme das Wissen zu, lerne der Mensch, aufgeklärtere Fragen zu stellen und aufgeklärtere Antworten zu geben. Die Religion lege, zumindest für die Gebildeten, ihre größten Aberglauben ab und werde geschlossener oder verliere völlig ihren Halt. Diese Erklärung von Religion berücksichtigt hauptsächlich ihre psychischen und kognitiven Ursprünge.

Andere Denker, vor allem Montesquieu, befaßten sich mehr mit ihren gesellschaftlichen Funktionen und mit den gesellschaftlichen Bedingungen, die das Wachstum bestimmter Religionen begünstigen oder behindern. Der Islam, so sagte Montesquieu, habe sich rasch unter den Arabern und anderen Völkern mit ähnlichen Institutionen und Sitten ausgebreitet, in Europa dagegen sich festgefahren, weil er bestehenden Gebräuchen und Haltungen unangemessen gewesen sei. Die Philosophen der Aufklärung griffen mehr die Kirche als die Religion an. Sie beschuldigten die Priester, ein kaschiertes Interesse am Fortbestand des Aberglaubens zu haben und die Leichtgläubigkeit auszunützen. Doch nur wenige unter ihnen meinten, daß es entweder möglich oder wünschenswert sei, den Zugriff der Religion auf die Ungebildeten zu lösen. Ihnen ging es vor allem um die Denkfreiheit für sie selber und die gebildeten Klassen, für die sie schrieben. Sie wollten nicht die Abschaffung der Religion, sondern ihren Mißbrauch durch die Kleriker verhindern. Diese Weisen, über Religion zu denken, erhielten sich bis ins 19. und 20. Jahrhundert sowohl bei Ungläubigen wie bei Gläubigen. Der Antiklerikalismus beschränkte sich nie auf Glaubenslose.

Es gab noch eine andere Vorstellung von Religion, die tiefen Einfluß auf das moderne Denken über den Ort von Religion und Philosophie im Leben des Menschen ausübte. Sie inspirierte Hegels Werk, die *Phänomenologie des Geistes*, doch den bewundernswertesten und bewegendsten Ausdruck fand sie im 17. Jahrhundert, in Pascals *Pensées*, den Notizen zu einem nie vollendeten Buch. (Dieses Werk wurde erst lange nach Pascals Tod veröffentlicht und das Ganze, das sich davon erhalten hat, erst im 19. Jahrhundert.) Der Mensch benötige Religion, um ein Gespür für seinen Platz in der Welt zu haben, ein Gespür für seine eigene Identität, eine Idee von ihm selber, die ihn befriedige; denn ohne Religion sei er, der sich durch sein Selbstbewußtsein von anderen Lebewesen unterscheide, sich selber unerträglich und suche, sich zu entfliehen. Religion stille ein wesentliches Bedürfnis einer Kreatur, die sich selber Denkgegenstand und daher bewußt sei, ein endliches Wesen in einer unendlichen Welt zu sein. Falls der Mensch keinen anderen Sinn und Zweck in der Welt sehe als seinen eigenen, dann empfinde er sich, weil er sich als nebensächlich, unbeständig und vergänglich erkenne, als ein verlorenes Wesen, als einen endlichen Geist in einem geistlosen Universum, als ein schwaches Licht in dunkler Wildnis. Pascal, der selber Naturwissenschaftler und Mathematiker war, erschrak vor dem wissenschaftlichen Bild einer grenzenlosen mechanischen Welt, in der alles notwendig in Übereinstimmung mit unwandelbaren Gesetzen geschieht. Er sah in der menschlichen Fähigkeit zur Vernunft – der Fähigkeit, die Wissenschaft entstehen ließ – ein Bedürfnis verwurzelt, das Wissenschaft nicht befriedigen kann. Er selber meinte, nur die christliche Religion in ihrer katholischen Form könne dieses Bedürfnis stillen. Doch die *Pensées*, sein größtes Werk, beeindrucken vielleicht weniger als ein Argument für das Christentum denn als Erklärung für das Bedürfnis von Religion. Eine Implikation des Gedankengangs ist, daß dieses Bedürfnis nie stärker verspürt werde als von Menschen, die verstehen, was Wissenschaft ist, und die von deren Errungenschaften beeindruckt sind.

Spuren dieser Vorstellung von Religion finden sich in den Schriften Rousseaus. Die Religion versorge die Menschen nicht nur mit zusätzlichen Motiven für Wohlverhalten oder bringe sie nicht nur in der Glaubensgemeinschaft näher zusammen oder tröste sie im Leid: sie liefere auch ein Konzept vom Ort des Menschen in der Welt, welches das Leben lebenswert mache. Dieses Konzept, so meinte Rousseau, sei derart, daß es die Wissenschaften, deren Fortschritt er nicht leugnete, nicht liefern könnten. Er war kein solcher Feind der Wissenschaften, wie er manchmal vorgab; er gab zu, daß sie schädliche Vorurteile und Aberglauben zerstörten. Rousseau sprach derart von Religion, daß das menschliche Bedürfnis nach ihr tiefer sitze als das Verlangen nach Wissenschaft. Es sei ein Bedürfnis, das mit dem Wachstum der Wissenschaften nicht schwächer werde, auch wenn deren Fortschritt uns dazu bringe, es weniger zu bemerken und weniger befriedigen zu können. Daher das Unglücklichsein der Menschen, deren Stolz auf die Vernunft den Glauben aus ihrer Reichweite rücke.

Kant meinte, der Mensch habe dreierlei Glauben nötig, wenn er moralisch und glücklich sein solle: er müsse an Gott, an die Willensfreiheit und an die Unsterblichkeit glauben. Diese Überzeugungen ließen sich weder empirisch noch durch apriorisches Denken als wahr erweisen. Der Mensch sei, soweit er spezifisch menschlich handle, wesentlich ein moralisches Wesen, und er könne nicht moralisch handeln, solange er nicht frei über sein Handeln entscheiden kann. Die phänomenale Welt (die das phänomenale Selbst umschließt), die Welt, wie sie dem Menschen notwendig erscheint, ist eine, in der alles kausal determiniert ist. Und dennoch muß der Mensch nach Kant, falls er zu moralischem Handeln imstande sein soll, Freiheit oder Willen im Sinn einer Freiheit haben, die bewirkt, daß seine Entscheidungen nicht kausal determiniert sind. Wer moralisch handelt, müsse nicht unbedingt Glück in dieser Welt erlangen; und dennoch erfordere die Gerechtigkeit, daß er es erlange, und das könne er nur in einem Leben nach dem Tod. Kant ging es weniger darum, daß die Menschen glaubten, ein Interesse an ihrem Wohlverhalten zu haben, als um die Gerechtigkeit. Gott war in seinen Augen mehr als ein Austeiler von Belohnungen und Strafen, der alles sieht und nichts unbelohnt oder unbestraft läßt. Ohne solche Glaubensüberzeugungen habe das menschliche Leben keinen Sinn und keine Würde.

Für Hegel ist, wie gesagt, der Gang der menschlichen Geschichte die Selbstoffenbarung des Geistes auf den Ebenen von Selbstbewußtsein und Vernunft. Wie der Mensch sich und die Welt sehe, so erkenne sich der Geist. Daher das große Interesse, das Hegel an der Geschichte von Religion und Philosophie nahm. Religion, wie er sie verstand, drückt bildlich aus, was Philosophie auszusprechen sucht. Es gebe einen Fortschritt sowohl in der Religion wie in der Philosophie. Der Geist sehe auf bestimmten Stufen seiner dialektischen Bewegung auf die Selbsterkenntnis hin die Welt, die nur seine Projektion sei, als etwas ihm Fremdes. Hegel sprach deshalb davon, daß der Geist sich entfremdet sei. Doch er strebe nach vollem Selbstwissen, nach vollem Selbstbesitz. Die Entfremdung sei eine schmerzliche Erfahrung, eine Erfahrung, die zu durchleben und zu überwinden sei. Sie sei ein Zustand des Geistes, den dieser überwinden müsse. Dieser Zustand, das Bedürfnis und die Gewißheit, ihn zu überwinden, fänden symbolischen Ausdruck in der Religion; oder eigentlich in einer Art von Religion, in der sich die Menschen (die endlichen rationalen Wesen, in deren Tätigkeiten und Gedanken der Geist manifest sei) von einem Gott entfremdet sehen, dessen Geschöpfe sie darstellen und ohne den sie nichts sind – bestrebt mit ihm sich zu vereinigen und zu der Vereinigung bestimmt.

Marx' Vorstellung von Religion als einer Phantasie des entfremdeten Menschen unterscheidet sich, soviel sie Hegel verdankt, in zwei wichtigen Punkten davon. Marx lehnt völlig die Annahme eines Geistes ab. Allein der Mensch sei entfremdet, und nicht etwa in ihm Manifestes, und wenn der Mensch die Entfremdung überwinde, sei kein Platz mehr für Religion. Obwohl die Gesellschaft ein Produkt menschlicher Tätigkeiten sei und zugleich aus ihnen bestehe, habe der Mensch sie als das zu erkennen, was sie sei, und der Lernvorgang sei langsam und schmerzlich. Die Menschen müßten zunächst die Gesellschaft als etwas ihnen Fremdes erkennen, das sie hemmt und unterdrückt, ehe sie lernen können, sie zu beherrschen. Auch ihr Bild der natürlichen Welt zeige anfänglich etwas Fremdes und Feindliches. Erst wenn sie zum Verständnis ihrer natürlichen und gesellschaftlichen Umwelt gelangen und lernen, diese ihren Absichten anzupassen, hören die Menschen auf, sie als fremd und feindlich anzusehen, erkennen sie darin allmählich die Umwelt, in der sie ihre spezifisch menschlichen Fähigkeiten entwickeln. Zusammen lebend und arbeitend, um ihre natürlichen Triebe zu befriedigen, produzierten sie die gesellschaftliche Welt und die Gedanken, die sie benutzen; sie erzeugten über ihre angeborenen oder bei der Reifung ihrer Körper erworbenen Triebe hinaus Bedürfnisse und Bestrebungen, die gesellschaftlichen Wesen eigentümlich sind, aus ihren gesellschaftlichen Tätigkeiten entspringen und doch von ihnen durchkreuzt werden, bis die Menschen so weit seien, die Bedürfnisse und Bestrebungen und die Tätigkeiten zu verstehen. Denn das Verständnis beider wachse notwendig im selben Maß. Da der Mensch wesentlich ein gesellschaftliches Wesen in dem Sinn sei, daß er die seiner Art besonderen Eigenschaften in gesellschaftlichen Verhältnissen entwickelt, besitzen seine spezifisch menschlichen Bedürfnisse und Bestrebungen keine Bedeutung außerhalb der gesellschaftlichen Tätigkeiten.

In der Religion sehe sich der Mensch als Untertan höherer Wesen, in denen er dennoch sein eigenes Bild erkenne. Religion drücke sein Gespür dafür aus, daß er noch nicht sein eigener Herr sei, daß er noch nicht gelernt habe, seine Umwelt seinen Bedürfnissen anzupassen, daß er das Opfer von Umständen sei, die sich noch seiner Kontrolle entziehen; und sie drücke zugleich sein Bestreben aus, sein eigener Herr zu sein. Religion sei eine Form falschen Bewußtseins, eine Ideologie; sie sei nicht die Folge reiner Unwissenheit. Sie bestehe nicht aus Erklärungen, die der Unwissende gibt, weil er es nicht besser weiß; sie bewirke weit mehr, als daß sie die Moral durch das Versprechen von Belohnungen und die Androhung von Strafen in einem anderen Leben bessere; sie bestehe aus mehr als den Versuchen, böse Geister zu versöhnen und wohlwollende um Hilfe anzurufen. Sie spiegle den menschlichen Zustand in einer Phase des historischen Prozesses wider, in der der Mensch noch unfähig ist, diesen Zustand zu verstehen. Verstände er ihn, müßte er ihm nicht religiösen Ausdruck verleihen. Er könne ihn nicht verstehen, es sei denn durch seine Überwindung, denn verstehen bedeute das Verständnis dafür, wie es dazu komme, daß er ein Opfer seines eigenen Mangels an Verständnis sei. Es gehe darum, die Illusionen loszuwerden, in denen der Zustand wurzle und die er nicht überdauern könne.

So verstandene Religion ist eine Phantasie, die den Menschen Ersatz für ihr Versagen bietet, das zu sein, was sie anstreben. Sie sind in ihrer gesellschaftlichen Welt, obwohl diese nur aus ihren Tätigkeiten besteht, nicht ihre eigenen Herren; sie sind die Opfer von Umständen, die sie selber schufen, aber nicht beherrschen, und in ihren eigenen Augen erniedrigt. Ihre Selbstdemütigung vor Gott als einem Wesen ihrer eigenen Vorstellung drückt diese Erniedrigung aus; ihr Streben nach Vereinigung mit Gott in einem anderen Leben verrät ihr Gespür für das, was sie sein könnten und nicht sind. Sie ersuchen in der Imagination, in der Phantasie eines Lebens nach dem Tod eine Befriedigung, die ihnen in diesem Leben versagt ist. Sie suchen sie, finden sie aber nicht, denn wirkliche Befriedigung erlangen sie nur, indem sie lernen, die Gesellschaft zu beherrschen und ihre Ziele darin zu erreichen. Eine Vorbedingung dafür ist, sich der Religion zu entledigen, sich über »falsches Bewußtsein« und die Illusionen zu erheben, die Merkmale menschlicher Unfähigkeit und Unreife sind. Dies ist den Menschen nicht durch reinen Wissenserwerb um seiner selbst willen möglich, sondern im Prozeß der Gesellschaftsveränderung – zunächst ohne diese Absicht und in Verfolgung anderer Ziele, später bewußt. Im Verändern der Gesellschaft verändern sie sich selber. Sie lernen, auf eigenen Füßen zu stehen; sie treten aus dem Schatten der Götter, die sie selber gestaltet haben.

Falls Religion dies ist, stellt sie eindeutig mehr dar als Klassenideologie. Dennoch hat sie Erhebliches mit Klassenideologie zu tun, wie Marxisten diese verstehen. Das erklärt zweifellos, warum es Marxisten zeitweilig so leicht fällt, so zu sprechen, als sei alle Ideologie Klassenideologie, obwohl sie auch Religion eine Form von Ideologie nennen. Wie Religion die Einstellung des Menschen gegenüber seiner eigenen Art in der Form eines Systems von Überzeugungen über die Welt im

Ganzen ausdrückt, so drückt eine Klassenideologie die Einstellung der Klasse zu sich selber in der Form eines Systems von Überzeugungen über die Gesellschaft, über die gesellschaftliche Welt aus. Bürgerliche Ideologie ist mehr als ein Komplex von Überzeugungen, welche die Interessen einer Klasse durch die Rechtfertigung ihrer Ansprüche fördert; sie ist auch ein Bild der Gesellschaft, das die bürgerliche Einstellung zum Menschen ausdrückt. Da der Mensch ein gesellschaftliches Wesen ist, offenbart sich seine Vorstellung von ihm selber in seiner Vorstellung von der Gesellschaft, in der er sein Dasein hat. Bürgerliche Ideologie nimmt eher die Form einer Sozialtheorie als einer Religion an. Doch Religion enthält häufig verkapselte Rudimente einer Sozialtheorie – selbst die Religion einer primitiven Gemeinschaft, in der es weder gesellschaftliche Klassen noch bewußte Versuche gibt, die Gesellschaft zu erklären.

Marx sprach von Religion als einer Phantasie entfremdeter Menschen. Von diesem allgemeinen Verdikt nahm er die Religion primitiver Völker nicht aus, selbst wenn sich bei diesen nicht findet, was er für eine Hauptursache der Entfremdung ansah: die weitreichende Arbeitsteilung. Seine Gedanken über Entfremdung und Religion schließen sich nicht reinlich zu einem ungebrochenen Ganzen zusammen. Immerhin gedeihen diejenigen Religionen, die am ehesten Phantasien des entfremdeten Menschen sind oder zu sein scheinen, in ökonomisch nicht primitiven Gesellschaften. Zwar ist Entfremdung nicht auf solche Gesellschaften beschränkt, sie nimmt aber in ihnen schärfere Form an. Oder es läßt sich wenigstens so argumentieren. Doch ökonomisch entwickelte Gesellschaften sind auch Klassengesellschaften. Nimmt man diesen Gedankengang an, ergibt sich offenbar, daß Religion höchstwahrscheinlich dort eine Phantasie entfremdeter Menschen ist, wo es Klassen und Klassenideologien gibt.

Wir haben fünf verschiedene, doch nicht beziehungslose Vorstellungen von Religion als Ideologie, als ein System von Überzeugungen erörtert, an das sich Gemeinschaften oder andere soziale Gruppen unbeschadet ihrer Wahrheit halten, weil es ein Bedürfnis befriedigt. 1. Religion ist eine Folge von Unwissenheit und Neugierde und besteht aus Phantasien, die den Menschen die Illusion eines in Wirklichkeit nicht vorhandenen Wissens verschaffen; sie ist ein Ersatz für Wissen, an den sie sich halten, während sie noch unfähig sind, gewisse, sie tief bewegende Fragen zu beantworten, oder noch nicht einsehen, daß diese Fragen unbeantwortbar oder unsinnig sind. 2. Religion dient dazu, Ängste zu zerstören und Leidenschaften abzuführen, für die Menschen anfällig sind auf Grund ihrer Unwissenheit und ihrer Unfähigkeit, die Kräfte der Natur zu beherrschen. 3. Die Religion dient dazu, Gemeinschaften und Gruppen zusammenzuhalten, indem sie gewissen Handlungen und Gelegenheiten öffentlichen und geheiligten Charakter verleiht – etwa Heiraten oder Begräbnissen oder dem Beilegen von Streitfällen. 4. Sie dient dazu, die menschlichen Motive zur Einhaltung gesellschaftlicher Regeln zu verstärken, und zwar durch die Androhung von Strafen oder das Versprechen von Belohnungen aus den Händen eines Wesens oder von Wesen mit übermenschlicher Macht. 5. Sie versorgt den Menschen mit einem Konzept von sich selber und seinem Platz in der Welt, das ihn befriedigt, oder drückt Gefühle aus, die er von sich und seiner Verfaßtheit hat, oft ohne sich dessen bewußt zu sein.

5. KLASSENIDEOLOGIE UND KLASSENBEWUSSTSEIN

Gesellschaftliche Gruppen: Interessen und Ideologien

Es zeigt sich, daß gesellschaftliche Gruppen in Begriffen der für ihre Angehörigen bezeichnenden gesellschaftlichen Tätigkeiten definiert werden und daß sämtliche gesellschaftliche Tätigkeiten den Gebrauch von Gedanken in sich schließen. Will man also erfragen, wie die Tätigkeiten einer Gruppe deren Gedanken beeinflussen oder von ihnen beeinflußt werden, haben wir vermutlich nicht jene in den Tätigkeiten enthaltenen Gedanken im Sinn, sondern andere. Diese Gedanken können Überzeugungen über die Tätigkeiten umfassen oder Einstellungen dazu ausdrücken. Gesellschaftliche Gruppen werden auch in Begriffen gesellschaftlicher Verhältnisse definiert, doch dann sind diese gesellschaftlichen Verhältnisse selber in Begriffen der gesellschaftlichen Tätigkeiten der so miteinander verbundenen Personen definiert. Die Ideologie einer Gruppe besteht nicht aus den »Gedanken« (im weiten Sinn gebraucht, um jede Art von Denken zu bezeichnen), die Teile der für die Gruppe typischen Tätigkeiten bilden, sondern aus anderen Gedanken. Nennt man die ersten Gedanken »primär«, lassen sich die anderen als »sekundär« bezeichnen. Die Ideologie einer Gruppe besteht einzig aus sekundären Gedanken, doch das bedeutet natürlich nicht, daß alle derartigen Gedanken ideologisch wären.

Nicht alle Gesellschaften sind in Klassen aufgeteilt. Auch klassenlose Gesellschaften haben sekundäre Gedanken, von denen einige ideologisch sind. Ideologie ist nicht notwendig Klassenideologie, und Bewußtsein nicht notwendig Klassenbewußtsein. Nämlich so lange nicht, als man das Wort »Klasse« nicht so weit faßt, daß jede gesellschaftliche Gruppe eine Klasse ist. Tatsächlich wie das Wort nie in so weitem Sinn verwendet, nicht einmal von den Marxisten, wenn sie (wie sie es zuweilen tun) so sprechen, als wäre alle Ideologie Klassenideologie. Das Wort »Klasse« wird, auch wenn man es in mehr als einer Bedeutung gebraucht, stets verwendet, um nur bestimmte Arten von Gruppen zu bezeichnen. Klassenverhältnisse und -rollen umschließen, wie alle anderen, den Gebrauch von Gedanken. Wenn Peter ein »Herr« ist und Jakob sein Sklave, umfaßt Peters herrenhaftes Verhalten gegenüber Jakob den Gebrauch von Gedanken, ebenso Jakobs knechtisches Verhalten Peter gegenüber. Die Gedanken, die sie in ihrer gesellschaftlichen Beziehung, im Wahren ihrer Rollen verwenden, sind in vieler Hinsicht die gleichen. Sowohl Peter wie Jakob sprechen von Peter als dem Herrn, und wenn sie miteinander reden, benutzen sie das Wort in nahezu derselben Bedeutung. Doch Peter ist nicht der einzige Herr, Jakob nicht der einzige Sklave; sie gehören einer Gesellschaft an, in der es viele Herren und viele Sklaven gibt. Die Erhaltung der Sklaverei als einer Institution hängt weithin von den sozialen Beziehungen zwischen den Herren ab. Sprechen diese untereinander über ihre Sklaven oder erörtern sie die Institution der Sklaverei und was zu ihrer Erhaltung nötig ist, werden sie Gedanken verwenden, die sie im Umgang mit ihren Sklaven nicht benutzen. Sie können diese Gedanken natürlich durch den Gebrauch von Wörtern übermitteln, die sie auch beim Reden mit ihren Sklaven anwenden und die sie jetzt nur in anderen Bedeutungen gebrauchen. Diese Gedanken, welche die Herren untereinander verwenden, sind sekundär. Sie sind typisch für die Herren als Klasse. In dem Maß, als sie dazu dienen, die Institution der Sklaverei zu erhalten (etwa durch deren Rechtfertigung), sind sie ideologisch; und sie sind eine Klassenideologie insofern, als sie klassentypisch sind. Und das gleiche läßt sich von den für die Sklaven typischen Gedanken sagen, die der Erhaltung der Sklaverei dienen. Wie sich später zeigen wird, verwendet man den Terminus »Klassenideologie«, um noch mehr als diese Gedanken zu erfassen. So wird er angewandt, um die »revolutionären« Gedanken einer Klasse zu bezeichnen, und solche Gedanken dienen eindeutig nicht dazu, Institutionen oder gesellschaftliche Verhältnisse zu erhalten, die jener Klasse ihren Klassencharakter verleihen. Woraus immer sonst die Ideologie einer Klasse bestehen mag, sie besteht zumindest

aus Überzeugungen und Einstellungen, die mit dafür sorgen, daß zu dieser Klasse gehörige Menschen ihre Klassenrollen beibehalten.
Nun ist nicht klar, warum eine so verstandene Klassenideologie etwas von Illusion oder falschem Bewußtsein an sich haben muß. Beispielsweise könnten die Überzeugungen der Herren über die Sklaverei beträchtlich von den Überzeugungen der Sklaven abweichen und beide Überzeugungskomplexe dennoch richtig sein. Herren und Sklaven können gewisse Überzeugungen über Sklaverei gemeinsam haben, während andere klasseneigentümlich sind, und doch mögen all diese Überzeugungen richtig sein. Oder, falls einige falsch sein sollten, dann vielleicht die gemeinsamen Überzeugungen, und nicht die auf eine Klasse beschränkten.
Niemand leugnet, daß es reichlich falsche Überzeugungen gibt, die für die eine oder andere soziale Gruppe typisch sind. Wie auch niemand leugnet, daß die Überzeugungen der einen Gruppe häufig unvereinbar mit denen einer anderen sind. Die Schwierigkeit besteht, wie sich noch zeigen wird, nicht im Verständnis dafür, wie es falsches Bewußtsein geben kann oder wie die Überzeugungen verschiedener Gruppen miteinander unvereinbar sein können: eher ist es schwierig zu verstehen, warum unter den Gruppenideologien den Klassenideologien überragende Bedeutung zukommen soll, oder warum sie mehr als andere weit voneinander abweichen sollten, oder warum man meinen könnte, gewisse Klassen seien mehr als andere für falsches Bewußtsein anfällig.
Nimmt man irgendein asymmetrisches gesellschaftliches Verhältnis, läßt sich stets zwischen zwei Kategorien von Personen unterscheiden. Herren stehen nicht in derselben Beziehung zu Sklaven wie Sklaven zu ihnen, und daher lassen sich Herren von Sklaven unterscheiden. Ähnlich stehen Ehemänner nicht im selben Verhältnis zu Ehefrauen wie diese zu jenen; sie haben unterschiedliche soziale Rollen. Doch während die Institution der Sklaverei zwei Klassen entstehen läßt, ist das bei der Institution der Ehe nicht der Fall. Man kann sagen, sie schaffe zwei soziale Kategorien. Nimmt man eines dieser beiden Verhältnisse, Sklaverei und Ehe, lassen sich prinzipiell drei damit verknüpfte Verwendungen von Gedanken unterscheiden. Zunächst finden sich die primären Gedan-

ken, nämlich solche, wie sie zum Spiel der das Verhältnis ausmachenden Rollen gehören. Ich nehme an, daß diese Gedanken häufig in beiden Klassen oder Kategorien weithin die gleichen sind. Zweitens finden sich Gedanken über das Verhältnis, die beide Klassen oder Kategorien teilen oder jeder von ihnen eigentümlich sind. Die nicht geteilten Gedanken können weit voneinander abweichen, ohne unvereinbar zu sein, weil sie vielleicht komplementär sind. Die dabei deskriptiv gebrauchten können sämtlich richtig und die zur Abgabe von Werturteilen oder zum Gefühlsausdruck verwendeten miteinander vereinbar sein. Die gemeinsamen Gedanken können ebenso wie die nicht gemeinsamen richtig oder falsch, vereinbar oder unvereinbar sein, aber es gibt keinen einsichtigen Grund dafür, warum sie weniger häufig falsch oder unvereinbar sein sollten als die einer Klasse oder Kategorie eigentümlichen Gedanken.
Schließlich findet sich ein mehr »reflexiver« Gebrauch von Gedanken zur Ausbildung von Erklärungen, die das Verhältnis oder die Institution in einen größeren Zusammenhang »einordnen«, etwa in das Leben einer Gemeinschaft oder auch in den göttlichen Weltenplan. Auch diese Erklärungen mögen rudimentär sein und nur bei »ungebildeten« Völkern Geltung erlangen und deshalb kaum die Bezeichnung Theorie verdienen, oder sie können von gebildeten und aufgeklärten Leuten kunstvoll und bewußt zusammengestellt sein. Dennoch wage ich es, sie Theorien zu nennen, selbst wenn sie rudimentär sein sollten, denn es handelt sich nicht einfach um Überzeugungskomplexe, sondern um Versuche zu erklären, wie sich ein Teil des Lebens in einen größeren Zusammenhang einfügt. Natürlich werden mehr dieser Erklärungen von gebildeten als von ungebildeten Menschen entwickelt, aber sie sind nicht auf die Gebildeten beschränkt oder werden nur von diesen erfunden. Selbst in den primitivsten Gemeinschaften gibt es Rudimente von Theorien; selbst dort finden sich Systeme von erklärenden Überzeugungen, als solche von den Menschen erkannt, die sie haben, und nicht nur von den sie studierenden Soziologen.
Nimmt man die erste Art von Gedanken (verwendet im aktuellen Spiel der sozialen Rollen, im Vollzug der gesellschaftlichen Verhältnisse), läßt sich nur wenig Illusorisches an ihnen

erkennen. Ihr bloßer Gebrauch bedeutet nicht den Besitz dessen, was man stichhaltig falsches Bewußtsein nennen könnte. Hauptsächlich werden sie verwendet, um Ansprüche zu heben und zu erfüllen, Befehle zu erteilen oder Forderungen zu stellen, von denen der Erteilende oder Stellende überzeugt ist, er sei dazu berechtigt. Zweifellos könnte man keine Ansprüche erheben oder erfüllen, wenn man keine Beschreibung der gesellschaftlichen Verhältnisse verstände, in denen man sich befindet, oder nicht entscheiden könnte, ob sie richtig oder falsch ist. Aber man braucht nicht selber solche Beschreibungen anzufertigen, um seine Rolle beim Vollzug der Verhältnisse zu spielen. Ja, das Erheben und Erfüllen von Ansprüchen umschließt nicht einmal notwendig die Bildung von Werturteilen; es umfaßt lediglich die Fähigkeit, sie nötigenfalls zu bilden. So verlangt etwa ein Mann etwas von einer Frau, das er nicht verlangte, wäre sie nicht seine Ehefrau. Fügt sie sich, sagt er nichts weiter. Erhebt sie Einwände, erinnert er sie daran, daß sie seine Ehefrau sei. Genügt das nicht, macht er sie auf ihre Pflichten als Ehefrau aufmerksam. Und reicht auch das noch nicht, geht er vielleicht, kluger- oder unklugerweise, so weit, ihr einen Vortrag über die Ehe zu halten. Er greift auf Gedanken unserer zweiten und dritten Art zurück, um Ansprüche zu bekräftigen, die er aktuell erlebt, indem er Gedanken der ersten Art anwendet. Als Ehemann ist er daran interessiert, daß seine Ansprüche erfüllt werden. Doch wenn er seine Frau widersetzlich findet und er seine Ansprüche gegen sie bekräftigt, ist er vielleicht schlecht beraten, Gedanken (falls es solche sind) zu verwenden, die Ehemännern eigentümlich sind. Besser wäre es vielleicht, Gedanken anzuführen, die Ehefrauen und Ehemännern gemeinsam sind, oder auch (wenn er sie seiner Sache dienlich machen kann) Gedanken, die unter Ehefrauen mehr akzeptiert sind als unter Ehemännern. All diese Gedanken wären gleichermaßen ideologisch. Ob sie der Ehemann kritisch geprüft und festgestellt hat oder nicht, daß sie richtig und stichhaltig sind, benutzte er sie, um die Ansprüche zu bekräftigen, die er als Ehemann erhob. Das genügte, um sie ideologisch zu machen. Doch genügte es auch, um daraus eine Ehemännerideologie im Unterschied zu einer Ehefrauenideologie zu machen? Lassen wir die Frage im Augenblick unbeantwortet. Denn Ehemänner sind nur eine soziale Kategorie und keine Klasse, und es könnte sein, daß eine soziale Kategorie keine Gruppenideologie in dem Sinn hat wie eine gesellschaftliche Klasse. Ihre Angehörigen haben, wie sich gezeigt hat, ideologische Überzeugungen, die sie zur Bekräftigung der von ihnen erhobenen Ansprüche einsetzten, natürlich auch, um gegen sie erhobene Ansprüche abzuwehren. Doch diese Überzeugungen bilden vielleicht keine Gruppenideologie im Unterschied zu denen anderer Gruppen.

Von ideologischen Überzeugungen heißt es oft, sie förderten die Interessen derjenigen, die sie hegen. Daher sollte man vor der Frage, was eine Gruppenideologie ist, erst fragen, was es für eine Gruppe bedeutet, Interessen zu haben. Zuweilen meinen wir, wenn wir von den Interessen einer Gruppe sprechen, die ihren Angehörigen eigentümlichen Ziele: Ziele, welche hier die meisten haben und welche außerhalb der Gruppe selten sind. In anderen Fällen meinen wir die Bedingungen, die das Erreichen dieser typischen Ziele begünstigen. Häufig wird der Terminus »Gruppeninteressen« verwandt, um beides zu bezeichnen. Obwohl dies nicht seine einzigen Anwendungsmöglichkeiten sind, handelt es sich vielleicht um die häufigsten. Marxisten sprechen auch von den »objektiven Interessen« einer Klasse, doch dies ist ein schwieriger Begriff, auf den ich später zurückkommen werde.

Versteht man die Interessen einer Gruppe als die typischen Ziele ihrer Angehörigen, dann kennen die Menschen mit diesen Zielen ihre eigenen Interessen. Diese Aussage bedeutet einfach, daß sie wissen, was sie wollen. Dennoch wissen sie vielleicht nicht, daß die meisten Menschen in der Gruppe diese Ziele haben. Ja, die Gruppe, der sie angehören, kann ihnen sehr wenig bedeuten. Sie ist möglicherweise nur für den Soziologen wichtig. Doch selbst wenn sie sich bewußt sind, daß sie dazu gehören, brauchen sie nicht zu wissen, welche ihrer Ziele gruppentypisch sind. Jemand weiß beispielsweise, daß er ein Landwirt ist, nicht jedoch, welche seiner Ziele von den meisten Landwirten, aber nur von wenigen Nicht-Landwirten geteilt werden. Oder er weiß etwa, daß diese seine Ziele der Gruppe, der er angehört, weithin gemeinsam sind, dagegen nicht, welche Bedingungen ihr Erreichen begünstigen.

Ideologische Überzeugungen dienen nicht nur der Erhaltung

gesellschaftlicher Verhältnisse (oder ihrer Zerstörung – obwohl wir ihre subversiven Wirkungen noch nicht erörtert haben), sie fördern auch Gruppeninteressen. Sie tun das beispielsweise, indem sie den Angehörigen bewußter machen, daß sie gewisse Ziele gemeinsam haben und daß deren Erreichen bestimmte Bedingungen begünstigen. Aber man sollte nicht, wie dies Gesellschaftstheoretiker zuweilen tun (denn sie tun es selten widerspruchsfrei), so von diesen ideologischen Überzeugungen sprechen, als seien sie durch die Gruppeninteressen bestimmt. Sagt man, sie »spiegelten« die Interessen, wodurch man nur eine Beziehung zwischen ihnen und dem Gespiegelten festhalten will, dann ergibt das einen guten Sinn – obwohl er, wie sich noch zeigen wird, näher zu bestimmen ist, da ideologische Überzeugungen zuweilen von den Interessen derer abweichen können, die sie hegen. Überzeugungen und Interessen beeinflussen sich ständig. Die typischen Ziele der Frauen etwa, die derselben Gemeinschaft oder Klasse angehören, sind von ihren Überzeugungen über die Ehe beeinflußt durch das, was ich sekundäre Gedanken nannte, und beeinflussen ihrerseits diese Überzeugungen. Das Verfolgen dieser Ziele kann den Charakter der Ehe verändern, braucht aber noch nicht selber erfolgreich zu sein. Damit haben wir drei Dinge – eine Institution oder ein soziales Verhältnis, einen Komplex ideologischer Überzeugungen und die Interessen der an dem Verhältnis beteiligten Personen –, die sich ständig beeinflussen, deshalb aber noch nicht miteinander vereinbar sein müssen. Entweder das Verhältnis oder die Überzeugungen können so beschaffen sein, daß sie die Verfolgung der Interessen erschweren.

Zurück nun zu den sozialen Klassen, ihren Interessen und Ideologien. Man unterscheidet Klassen auf mehrere verschiedene Weisen voneinander. Marx unterschied sie nach der Art des Eigentums, das Menschen haben oder nicht haben; andere unterscheiden sie nach Reichtum oder Stellung oder Macht oder Einfluß. Obwohl diese Dinge eng zusammenhängen – obwohl etwa die Besitzer bestimmter Arten von Eigentum gewöhnlich reich sind und die Reichen häufig eine hohe Stellung und beträchtliche Macht haben –, fallen die Trennungslinien zwischen den derart unterschiedlich voneinander abgehobenen Klassen nicht immer zusammen. Für unseren Zweck brauchen wir jedoch nicht zu erörtern, wie die bei der Definition von Klassen angewandten Kriterien voneinander abweichen und welche »soziale Landkarte« man erhält, wenn man statt der einen Gruppe von Kriterien eine andere anwendet. Wichtiger für unseren Gesichtspunkt ist die Unterscheidung zwischen zwei Arten sozialer Gruppen und die Feststellung, daß eine gesellschaftliche Klasse eine Gruppe von dieser oder jener Art sein kann. Nennen wir Gruppen der ersten Art »passiv«, Gruppen der zweiten Art »aktiv«.

Eine soziale Gruppe (oder Kategorie) besteht aus den Personen, die sich in den gesellschaftlichen Verhältnissen befinden oder die Interessen und Überzeugungen haben, wonach die Gruppe definiert ist.* Falls sie nicht wissen, daß sie diese Interessen oder Überzeugungen teilen, oder nicht an deren Förderung gemeinsam arbeiten, bilden sie eine passive Gruppe. Daher stellen Ehemänner gewöhnlich eine passive Gruppe dar, ebenso die Ehefrauen, ebenso die Verheirateten. Ehemänner und Ehefrauen sind, individuell genommen, häufig wirklich sehr aktiv und verwenden viel Kraft darauf, Ehemänner oder Ehefrauen zu sein. Als Gruppe jedoch sind sie zumeist passiv. Gewisse Klassen sind oder waren passive Gruppen. Marx gab im *18. Brumaire* zu verstehen, die französischen Bauern seien es bis zur Zeit gewesen, als Louis Bonaparte Präsident der französischen Republik wurde; er nannte sie zwar nicht eine passive Gruppe, sondern sagte, ihnen habe das »Klassenbewußtsein« gefehlt.

Zuweilen haben Angehörige zweier oder mehrerer sozialer Gruppen wenig miteinander zu tun, zumal wenn es passive

* Ich benutze den Terminus »soziale Gruppe« für jede Anzahl von Personen, die sich durch Interessen, Zwecke, Tätigkeiten, Überzeugungen, Empfindungen, Haltungen, Rechte oder Verpflichtungen von anderen unterscheiden. Ich weiß, daß die Bezeichnung häufig im engeren Sinn verwendet wird, um Personen zu bezeichnen, die zusammengeschlossen sind oder zusammen auf ein gemeinsames Ziel hinarbeiten oder von gleichartigen Absichten oder Motiven zum Handeln bewogen werden; doch ich muß die Bezeichnung umfassender anwenden. »Soziale Klasse« paßt nicht für meine Absichten, und ich spreche lieber von Gruppen als von Kategorien.

sind. Bauern etwa haben oft wenig mit städtischen Arbeitern zu tun, solange beide Gruppen passiv sind, obwohl sie später, sowie sie aktiv werden, mehr miteinander zu schaffen haben, wenn sie um Vergünstigungen durch die Regierung wetteifern oder zusammen vorgehen, um gemeinsame Interessen zu fördern. Selbst dann geschehen diese Vorgänge für die meisten Arbeiter und Bauern natürlich stellvertretend; ihre Führer wetteifern oder arbeiten in ihrem Namen zusammen. Doch Angehörige zweier sozialer Gruppen können beim Spiel der ihnen eigentümlichen sozialen Rollen sehr stark miteinander beschäftigt sein, auch wenn eine oder beide passiv sind. So etwa Ehemänner und Ehefrauen. Oder Herren und Sklaven, denn obwohl die Herren meist aktive Gruppen bilden, tun es die Sklaven nicht. Herren handeln auf eine Weise gemeinsam als Herren, wie es Ehemänner nicht tun. Denn Männer, die Ehemänner sind, haben viel miteinander zu tun, doch nicht so sehr als Ehemänner wie in anderen Eigenschaften. Die Sklaven eines einzelnen Herrn stehen natürlich in ebenso enger Verbindung miteinander wie in Ländern mit Polygamie die Frauen eines Ehemanns. Diese Sklaven oder Frauen können sich zusammentun, um ihre Interessen gegen ihren Herrn oder Ehemann zu vertreten. In ebendiesem Maß sind sie eine aktive Gruppe. Doch ihre Situation unterscheidet sich sehr von einer, in der ein beträchtlicher Anteil einer umfangreichen sozialen Kategorie zu diesem Zweck zusammenwirkt. Der regelmäßige Umgang bei der Arbeit und in der Freizeit zwischen Angehörigen derselben Gruppe, ein Umgang, der ihr Bewußtsein für die Übereinstimmung in gewissen Zielen und Überzeugungen schärft, ist nicht auf gesellschaftliche Klassen beschränkt. Er ist häufig stärker zwischen Menschen ausgebildet, die eine gleichartige Arbeit verrichten: zwischen Juristen oder Fleischern oder Landwirten. Diese Berufsgruppen neigen in der Tat dazu, sehr aktiv zu sein, und wetteifern zuweilen heftig miteinander. Es gibt freilich einen wichtigen Unterschied zwischen Gesellschaftsklassen und Berufsgruppen. Wird eine Klasse zur aktiven Gruppe, dann häufig, um ihre Interessen gegen eine andere, eng auf sie bezogene Klasse zu verteidigen. Sklavenhalter etwa wirken zusammen, um ihre Interessen gegenüber anderen Gruppen zu wahren. Die Sklavenhalter der Vereinigten Staaten mußten ihre Klasseninteressen gegen andere Gruppen als die Sklaven verteidigen. Doch eine Institution wie die Sklaverei bindet die daran beteiligten Klassen eng aneinander. Zweifellos nicht so eng wie die Ehe, doch immer noch sehr eng. Gleicherweise haben auch Kapitalisten und Arbeiter oder Feudalherren und Leibeigene miteinander zu tun. Nicht alle Klassen sind derart mit bestimmten anderen verknüpft. Freisassen beispielsweise nicht. Doch viele Klassen sind es. Und natürlich sind Klassen nicht die einzigen so verbundenen Gruppen. Offiziere bilden keine soziale Klasse, auch nicht ihre Untergebenen, selbst wenn in zahlreichen Ländern die Offiziere gewöhnlich einer anderen Klasse als die übrigen angehören. Es geschieht häufig, daß in umfangreichen Organisationen mit einer streng gegliederten Hierarchie höhere und niedrigere Ränge verschiedenen Klassen entstammen; und daß in Ländern, die sich als klassenlos verstehen, aber zahlreiche große Organisationen umfassen, höhere und niedrigere Ränge bald die Merkmale getrennter Klassen annehmen.

Klassen unterscheiden sich von anderen sozialen Gruppen auf zwei deutlich erkennbare Weisen: Sie sind in dem Sinn *umfassender,* als ihre Angehörigen an einem weiteren Bereich von Tätigkeiten beteiligt und vielfältiger aufeinander bezogen sind als die Angehörigen der meisten anderen Gruppen; und sie sind *exklusiver* in dem Sinn, daß der Übergang von der einen Klasse in die andere gewöhnlich beschwerlicher und irritierender ist. Die Menschen heiraten gewöhnlich innerhalb der Klasse, der sie angehören, gehen in ihren Freizeitbeschäftigungen mit anderen Angehörigen der Klasse um und ergreifen Berufe oder erhalten Stellungen in einer weithin auf sie beschränkten Hierarchie; und sie finden es schwierig, ja sogar schmerzlich, die Klasse zu verlassen, der ihre Eltern angehörten. Bekanntermaßen unterscheiden sich Klassen erheblich in Umfang und Exklusivität. Obwohl zahlreiche Sozialtheoretiker auf diese beiden Klassenmerkmale verweisen, benutzen die meisten sie nicht als Definitionsmerkmale. Sie ziehen andere Kriterien vor, um zwischen Klassen zu unterscheiden, weil es vielleicht unmöglich ist, genau zu entscheiden, wie umfassend und exklusiv eine soziale Gruppe sein muß, um als Klasse zu gelten. Bemerkenswert ist jedoch, daß ein dünn bevölkertes Land mit vielen Klassen umfassendere und exklusivere Klassen aufweisen kann als ein dicht besiedeltes mit nur wenigen. Dies kann sogar dann der Fall sein, wenn im letzteren die Unterschiede in Reichtum, Macht und Bildung größer sind als im ersteren. Wie umfassend eine Klasse ist, variiert nicht nach dem in ihr enthaltenen Bevölkerungsanteil oder mit der Skala von Reichtum und Macht in ihrer Zusammensetzung, sondern nach dem Ausmaß des auf ihre Angehörigen beschränkten gesellschaftlichen Umgangs.

Klassenideologie

Zahlreiche soziale Gruppen besitzen gemeinsame Interessen und ideologische Überzeugungen. Sie brauchen keine Theorien oder nicht mehr als Rudimente von Theorien zu haben, aber sie haben ideologische Überzeugungen, die auf sie beschränkt sind oder die sie mit anderen teilen. Und die gemeinsamen Interessen können ebenso wie die nicht gemeinsamen dazu dienen, ihre Interessen zu fördern. Auf welche Weise und unter welchen Umständen sind also Klassen und ihre Interessen und ideologischen Überzeugungen besonders wichtig?

Klassen werden zuweilen von Kasten und Ständen unterschieden, doch für unsere Zwecke ist es besser, Kasten und Stände als Klassenarten zu behandeln. In Gesellschaften mit Kasten oder Ständen finden sich wenige oder keine Individuen, die von einer Kaste (oder einem Stand) in andere übergehen. Ideologische Überzeugungen dienen in solchen Gesellschaften der Erhaltung der bestehenden Ordnung und sind kaum umstürzlerisch, obwohl es gelegentlich kleine Gruppen außerhalb des Kasten- oder Ständesystems oder ihm widerstrebende gibt, die subversive Ideologien aufweisen. Die ärmeren und ungebildeteren Kasten oder Stände besitzen nur Rudimente von Theorien, denn solche (nämlich mehr oder weniger definitive und umfassende Darstellungen der Gesellschaft oder der Welt) fassen bei den Reicheren, Mächtigeren und Gebildeteren Fuß. Wenn sie auch zweifellos die Überzeugungen der niedrigeren Gruppen beeinflussen, bilden diese Theorien den Besitz der Höheren, der Herrschenden, die es auf sich nehmen, die bestehende Ordnung zu erhalten. In diesen Kasten- oder Feudalgesellschaften gibt es Klassen und Klasseninteressen und auch Überzeugungen, die der Förderung dieser Interessen dienen. Dennoch erkennt man die Interessen und Überzeugungen nicht als das, was sie sind. Man denkt im Grunde nicht über sie nach, auch wenn sich Theorien über die Gesellschaftsordnung finden, die die Rollen der verschiedenen Stände oder Kasten darin erklären.

Wo Klassen stark exklusiv sind, neigt die Gesellschaft dazu, sich langsam zu verändern – so langsam, daß sich die Menschen dieser Veränderungen nicht bewußt werden. Gesellschaftliche Veränderungen, soziale Mobilität und das Bewußtsein gesellschaftlicher Veränderung verstärken sich gern gegenseitig. Sowie die soziale Mobilität zunimmt, befestigt sich allmählich der Gedanke, daß es Sache jedes einzelnen ist, sich seinen eigenen Platz in der Gesellschaft zu schaffen. Die Menschen kommen immer mehr zu der Überzeugung, daß Institutionen dazu da sind oder sein sollten, ihnen zu dem Gewünschten zu verhelfen. Gleichheits- und liberale Theorien gewinnen an Popularität, und es wächst die Überzeugung, die bestehende Ordnung begünstige bestimmte Klassen unziemlich im Vergleich zu anderen. Man wird sich schärfer bewußt, daß die Interessen und Überzeugungen der Klassen voneinander abweichen und häufig unvereinbar sind. Genau jetzt entstehen akute Klassenkonflikte. Und sie entstehen zumal, weil die Menschen Prinzipien anzunehmen beginnen, deren Verwirklichung das Verschwinden von Klassen erfordern.

Interessen und Überzeugungen können sich sehr unterscheiden, ohne deshalb Konflikte oder Dissonanzen zu erzeugen. Die typischen Ziele zweier sozialer Gruppen mögen voneinander abweichen, dennoch braucht keine Gruppe der anderen im Wege zu stehen. Oder wenn sie sich im Weg stehen, müssen sie es nicht voneinander wissen. Andererseits können die typischen Ziele zweier Gruppen sich sehr ähneln und die Bedingungen doch so sein, daß die eine Gruppe um so weniger an ihr Ziel gelangt, als die andere es erreicht. Werden sich die Gruppen dessen bewußt, können erbitterte Konflikte zwischen ihnen ausbrechen. Interessenkonflikte zwischen dem Hoch- und dem niedrigeren Adel waren zuweilen schärfer als solche zwischen dem Adel und den Bauern.

Mithin gilt es auch, bei ideologischen Überzeugungen Unterschiede nicht mit Unvereinbarkeit zu verwechseln. Zieht man nur persönliche Ziele in Betracht (was Menschen für sich selber und ihre Angehörigen anstreben), findet sich vielleicht, daß zwei Gruppen sehr ähnlich beschaffene haben. In diesem Fall werden wahrscheinlich jene Überzeugungen, die diese Ziele »stützen« (die ihrer Definition und Rechtfertigung dienen), sich ebenfalls ähneln. Nimmt man jedoch die Bedingungen, die das Erreichen dieser Ziele begünstigen, kann sich finden, daß sie für die beiden Gruppen beträchtlich voneinander abweichen. In einem solchen Fall unterscheiden sich die Überzeugungen, die für die eine Gruppe günstige Bedingungen »stützen«. Die beiden Gruppen teilen dann gewisse Überzeugungen, andere dagegen nicht. Dennoch braucht es keine Konflikte zwischen ihnen zu geben, denn diese Bedingungen können bei aller Unterschiedlichkeit miteinander vereinbar sein. Nur wenn sie unvereinbar sind oder von einer oder beiden Gruppen dafür gehalten werden, ist ein Konflikt wahrscheinlich.

Es heißt oft, in gewissen westlichen Ländern seien die meisten Menschen (oder zumindest die meisten ernstlich an Politik Interessierten) liberal, ob sie nun zur Rechten oder zur Linken gehörten. Wenn sie es sind, dann mutmaßlich deshalb, weil sie weithin ähnliche Überzeugungen über den Bereich erlaubter persönlicher Ziele und über die Gelegenheiten und Rechte besitzen, die der Mensch haben muß, um diese Ziele wirksam anstreben zu können. Dennoch gibt es heftige, sogar erbitterte Konflikte zwischen diesen Liberalen, weil sie sich vermutlich über die gesellschaftlichen und wirtschaftlichen Bedingungen zur Herstellung jener Gelegenheiten uneins sind. Sie sind vielleicht viel näher als die Menschen vor zwei oder drei Jahrhunderten daran, ähnliche Sozial- und politische Philosophien zu haben, und trotzdem können die Konflikte zwischen ihnen ebenso hart oder noch härter sein.

Ich gebe zu bedenken, daß sich das Bewußtsein von Klassen und von Interessen- und Überzeugungsabweichungen zwischen ihnen steigert, wenn Klassen weniger exklusiv und ihre Interessen und Überzeugungen sich ähnlicher werden, ohne deswegen schon unbedingt besser vereinbar zu sein. Marxisten dürften diese Annahme wohl absurd nennen, und sie findet sich nirgends in den Schriften des Altmeisters. Dennoch sagte Marx zuweilen Dinge, die damit übereinstimmen; so etwa, wenn er das Wort »Klasse« in einem engeren Sinn verwendete, als er es gewöhnlich tat. Denn zuweilen sprach er von Klassen, als seien sie Eigentümlichkeiten kapitalistischer Gesellschaften im Gegensatz zu den »Ständen« des feudalen Europa. Gelegentlich sprach er vom »Bürgertum«, als sei es die erste rechtmäßig so genannte Klasse, entstanden, als die feudale Gesellschaft des Mittelalters zerfiel und ein neuer Typ gesellschaftlicher und politischer Ordnung auftauchte. Das Bürgertum sei anfangs eine »revolutionäre« Klasse gewesen; im Verfolgen seiner Klasseninteressen habe es Ansprüche im Namen der ganzen Menschheit erhoben; es habe ein freiheitliches und egalitäres Credo vorgetragen und darin gelehrt, alle Menschen hätten dank ihres bloßen Menschseins gewisse Rechte, die zu schützen Sache des Staats sei. Dies, so erklärte Marx, sei die theoretische Seite. Die Praxis jedoch entspreche nicht der Theorie, weil die Arbeiter, die kein Eigentum haben (oder deren einziges Eigentum eigentlich ihre Arbeitskraft sei, die sie für ihren Lebensunterhalt verkaufen müßten), die für alle Menschen verkündeten Rechte nicht ausüben könnten und weil die Reichen entweder den Staat kontrollieren oder in solcher Beziehung zu ihm ständen, daß er zum Nachteil der Besitzlosen ihre Rechte und Interessen schütze. Die Besitzlosen erhöben sich schließlich gegen die gesellschaftliche und politische Ordnung, die sie unterdrücke; und zumindest gelegentlich spricht Marx von diesem Aufstand so, als sei sein Ziel, den Unterdrückten die Freiheit (die Rechte und Möglichkeiten) zu erringen, die allen Menschen zuständen, in der Praxis aber den meisten verweigert würden. Es gibt Gelegenheiten (zum Beispiel im *18. Brumaire des Louis Bonaparte)*, bei denen Marx nahe daran ist, dem Bürgertum und den Proletariern weitgehend die gleichen Prinzipien zuzuschreiben und zu erklären, das Bürgertum könne es sich, anders als die Proletarier, nicht leisten, ihnen treu zu sein, obwohl es diese Prinzipien benutze, um seine Klasseninteressen zu verfolgen.

Marx konzipierte die kommunistische Gesellschaft, die er als das letztliche Ergebnis einer von den Besitzlosen erfolgreich betriebenen Revolution verstand, als eine Gesellschaftsordnung, in der es keinen Staat gibt und daher mutmaßlich auch keine Gesetze und gesetzliche Rechte, wie man sie zur Zeit kenne. Was er genau im Sinn hatte, als er von der »staatenlosen« Gesellschaft der Zukunft sprach, ist eine Streitfrage. Doch die Möglichkeiten, von denen er dachte, jedermann werde sie in der kommunistischen Gesellschaft haben, sind (wie ich annehmen möchte) denen nicht unähnlich, die liberale »Bürger« für alle Menschen beanspruchten.* Meine Absicht zielt freilich im Augenblick nicht auf den Nachweis, daß Marx ein Liberaler gewesen sei, denn diese kurzen Bemerkungen zu einigen seiner Äußerungen oder Implikationen reichen dafür nicht aus. Obwohl ich nicht meine, diese speziellen Dinge falsch interpretiert zu haben, werde ich meine Interpretation nicht verteidigen. Ich spiele darauf nur an, um eine These zu illustrieren, die selbst dann richtig sein kann, wenn ich sie falsch interpretiert habe: daß Interessen und ideologische Konflikte zwischen Klassen akuter werden können, je weniger exklusiv Klassen werden und je mehr sich die Ziele und Überzeugungen ihrer Angehörigen angleichen. Ich sage nicht, daß das stets so sein müsse, ich verweise nur darauf, daß es in den letzten paar Jahrhunderten im Westen geschah und vor noch kürzerer Zeit in westlich beeinflußten nicht-westlichen Ländern.

Als die Klassen weniger exklusiv wurden (oder, wenn man lieber will, als Stände oder Kasten den Klassen wichen), wurden die Klassenideologien weniger theologisch und mehr gesellschaftlich und politisch. Im allgemeinen wurden sie auch theoretischer, nämlich häufiger von berufsmäßigen Denkern bewußt ausgebildet oder häufiger durch deren Produktionen beeinflußt. Dadurch, daß sie theoretischer wurden, gewannen sie nicht notwendig an Zusammenhang. Sie verdanken mehr als bisher Büchern und werden häufiger durch Kontroversen zwischen Intellektuellen beeinflußt. Zweifellos sind sie umfangreicher und aufgeklärter; sie berücksichtigen weit mehr Dinge und treffen wichtige Unterscheidungen, die man bislang gewöhnlich nicht machte. Aber sie sind deshalb nicht

* Liberale geben auch im Westen häufig und bereitwillig zu, daß den meisten Menschen diese Möglichkeiten fehlen: ein Eingeständnis, das ihnen Marxisten kaum abnehmen.

schon zusammenhängender. In einer primitiven Gesellschaft können die meisten die gleichen Überzeugungen teilen und diese wiederum mehr oder minder zusammenhängen. In einer weniger primitiven, in Klassen gegliederten Gesellschaft, mag das für Menschen gelten, die zur selben Klasse gehören, obwohl die Überzeugungen verschiedener Klassen vielleicht weit voneinander abweichen. Menschen mit ähnlichen Überzeugungen brauchen sich nicht bewußt zu sein, daß diese folgerichtig sind, denn Folgerichtigkeit muß ihnen nichts oder wenig bedeuten, und dennoch sind ihre Überzeugungen vielleicht aufeinander abgestimmt. In einer fortgeschrittenen Gesellschaft gelingt es dem vielen Einflüssen offenen Individuum möglicherweise nie, seine Gedanken in eine saubere Ordnung zu bringen, und es kann zu beträchtlichen Unterschieden in den Überzeugungen derer kommen, die derselben Klasse angehören. Ich meine eine in Klassen aufgeteilte fortschrittliche Gesellschaft unterscheidet sich von einer weniger entwickelten, gleichfalls in Klassen gegliederten wesentlich dadurch, daß zwar die Abweichungen in den ideologischen Überzeugungen *zwischen* den Klassen oder anderen sozialen Gruppen geringer, *innerhalb* der Klassen oder Gruppen aber größer sind. Gruppen-»Ideologien« sind weniger folgerichtig, und das gilt auch für die Überzeugungen des Individuums. Die Klassenideologien wurden auch weniger konservativ, weil in fortgeschrittenen Gesellschaften jedermann das Faktum sozialen Wandels als gegeben nimmt – die Mächtigen und Reichen nicht weniger als die anderen. Ohne Zweifel möchten sie ihre Vorteile, ihre Macht und ihren Reichtum, behalten, können sich aber nicht erhoffen, dies durch das Verhindern von Veränderungen zu erreichen. Im Gegenteil: die Forderungen, die sie ihren Interessen zuliebe an die Regierung stellen, sind nicht weniger mächtige Ursachen gesellschaftlicher Veränderungen als die Forderungen der Armen. Der Glaube (nach meiner Ansicht ein fälschlicher), daß sich die Reichen und Mächtigen, die dominierenden sozialen Gruppen, der Veränderung mehr als andere entgegenstellten, beruht darauf, daß die in ihrem Interesse geschehenen Veränderungen häufig aus keinem anderen Grund als klein oder oberflächlich gelten, weil sie diese Gruppen so mächtig wie bisher lassen. So mögen die in der amerikanischen und englischen Wirtschaft in Reaktion auf die Forderungen der Reichen hin vorgenommenen Änderungen noch so groß sein: jedermann, die Reichen nicht ausgeschlossen, nennt diese Wirtschaft noch immer »kapitalistisch«. In der Vergangenheit waren die Reichen und Mächtigen, wenn nicht die einzigen, so doch die wichtigsten Initiatoren von Veränderungen. Nun, da die ärmeren Klassen besser organisiert und fordernder geworden sind als einst, betrachten sich die Reichen zuweilen als die Verteidiger der bestehenden Ordnung gegen sie. Die Veränderungen, die sie hervorrufen, erschienen ihnen (und selbst anderen) mehr in Übereinstimmung mit der »Tradition« als die Veränderungen, denen sie opponieren. Doch dies könnte ein Irrtum sein. Wer definiert »Tradition?« Wer entscheidet, was mit ihr übereinstimmt und was nicht? Gewöhnlich die herrschenden Gruppen, die weit besser als andere ausgerüstet sind, Neuerungen einzuführen, ohne daß es danach aussieht. Ich meine, daß in den reichen Demokratien des Westens heute keine gesellschaftliche Klasse konservativer (widerstandsfähiger gegen gesellschaftliche Veränderungen) ist als die andere. Das bedeutet natürlich nicht, daß sich dies auch von sozialen Gruppen sagen ließe, die keine Klassen sind; einige darunter können weit radikaler und revolutionärer sein als andere. Und es bedeutet nicht, daß ideologische Unterschiede unwichtig seien oder unwichtiger, als sie es gewöhnlich waren.

Ich sagte früher, daß bei sehr exklusiven Klassen (etwa Ständen oder Kasten) deren Ideologien dazu neigen, weniger sozial und politisch und mehr religiös zu sein als bei minder exklusiven. Dennoch bezweifle ich, daß Religion jemals, über ein geringes Maß hinaus, Klassenideologie war; daß nämlich wichtige religiöse Überzeugungen weithin von einer Klasse deshalb gehegt wurden, weil sie dazu dienten, Bedingungen und Praktiken zu erhalten oder zu schaffen, die ihren Interessen nützten oder für ihre Angehörigen typische Haltungen und Empfindungen ausdrückten. Selbst in primitiven Gesellschaften leisten religiöse Überzeugungen mehr, als an der Erhaltung der Gesellschaftsordnung mitzuwirken; sie gehen auch auf die moralischen und psychischen Bedürfnisse des Individuums ein. Diese Bedürfnisse sind selbstverständlich dem Menschen eigentümlich, dem einzigen und bekannten rationalen Wesen, dessen Denkfähigkeit sich durch gesellschaftliche Verhältnisse entwickelt hat. Es sind daher sozialen Wesen eigentümliche Bedürfnisse. Doch daraus folgt nicht, daß die Überzeugungen, die diese Bedürfnisse stillen, weithin deshalb gehegt würden, weil sie an der Erhaltung der Gesellschaftsordnung mitwirken. Ohne Zweifel wechseln die Überzeugungen beträchtlich von Gesellschaft zu Gesellschaft und sogar (wenn auch in geringerem Maß) von Klasse zu Klasse, aber auch, unbeschadet der Klasse, von Person zu Person. Obwohl religiöse Überzeugungen häufig die bestehende Ordnung rechtfertigen, tun sie dies ohne Rücksicht auf spezifische Art der Ordnung. Selten rechtfertigen sie das daran Besondere; oft argumentieren sie nur damit, die lange Beständigkeit sei ein Beweis für die göttliche Billigung. Wenn eine von allen Klassen akzeptierte Religion Gehorsam gegenüber der bestehenden Autorität in einer von einer einzigen Klasse beherrschten Gesellschaft lehrt: soll man sie dann die Ideologie der herrschenden Klasse nennen? Können von allen Klassen geteilte Überzeugungen eine Klassenideologie darstellen?

Manche, und nicht nur Marxisten, bejahen dies. Falls die Überzeugungen ein Verhalten bestärken, das an der Erhaltung der Gesellschaftsordnung mitwirkt, und falls diese Ordnung einer Klasse gestattet, die anderen auszubeuten, dann seien die Überzeugungen die Ideologie der ausbeutenden Klasse oder ein Teil davon. Doch die Überzeugungen können allmählich allgemein akzeptiert worden sein, ehe jene Gesellschaftsordnung entstand, die es einer Klasse ermöglicht, die anderen auszubeuten. Überdies mögen die Überzeugungen bei den Ausgebeuteten tiefer sitzen als bei ihren Ausbeutern. Läßt sich dann noch immer sagen, sie seien die Klassenideologie der Ausbeuter? Tut man dies, hat man das Paradox einer Klassenideologie, die weniger bei der Klasse gilt, deren Ideologie sie ist, als bei den anderen.

Bei gegebenen Zielen und unter Bedingungen, die sie erreichbar machen, kann es im Interesse einer Gruppe liegen, gewisse Überzeugungen statt anderer zu hegen. Hegt man sie unbeschadet dessen, ob sie richtig sind oder nicht, handelt es sich um ideologische Überzeugungen. Sie sind sowohl ideologische wie Gruppenüberzeugungen. Angenommen jedoch, es liege im

Interesse einer Gruppe, daß andere Gruppen gewisse Überzeugungen hegten, und diese Gruppe könnte dafür sorgen, daß dies auch geschieht? Sind die Überzeugungen dann eine Gruppen- oder Klassenideologie? Sie werden gelehrt, weil sie ein Verhalten fördern, das die Interessen der Gruppe begünstigt. Die Lehrer selber brauchen die Überzeugung nicht zu hegen, müssen aber wenigstens so tun, falls sie erfolgreich lehren wollen. Die Überzeugungen werden um ihrer Wirkungen willen gelehrt, und weder Lehrer noch Belehrte prüfen sie kritisch. Zu passenden Gelegenheiten appelliert man an sie. All das reicht vielleicht aus, sie ideologisch zu machen. Aber berechtigt es auch, sie die Ideologie der Gruppe zu nennen, deren Interessen sie zugute kommen? Ich stelle diese Frage, ohne eine Antwort darauf zu versuchen. Meine Absicht ist nicht, Ratschläge darüber zu erteilen, wie die Termini »Gruppenideologie« und »Klassenideologie« zu verwenden seien, sondern zu erörtern, wie sie gebraucht werden und was an Problemen auftaucht, wenn man diese Verwendungsweisen näher untersucht.

Obwohl Religion keine Klassenideologie ist, können religiöse Überzeugungen Bestandteile von Klassenideologien bilden und sind zuweilen beträchtlich von Klasseninteressen beeinflußt. Vor dem Auftreten einer Gesellschaftsordnung entstandene religiöse Überzeugungen werden jener gelegentlich angepaßt. Man modifiziert sie etwa so, daß sie dazu dienen, gewisse Praktiken der herrschenden Klasse zu rechtfertigen oder die ärmeren Klassen mit ihrem Los zu versöhnen. Die religiösen Überzeugungen verschiedener Klassen können selbst in einer solchen Gesellschaft erheblich voneinander abweichen, in der es nur eine »Kirche« mit einem Komplex orthodoxer Lehrmeinungen gibt. Einige der Lehren bedeuten wesentlich mehr als andere für die ärmeren Klassen, und ebenso gibt es religiöse Überzeugungen, die weithin gelten, selbst wenn sie nicht orthodox sind. Denn unorthodoxe Überzeugungen gehen oft unbemerkt von den Hütern der Orthodoxie durch, solange sie nicht dazu verwendet werden, die Orthodoxie herauszufordern. Gleichförmigkeit der Überzeugungen wird selten jemals angestrebt, geschweige denn erreicht. Es kann sein, daß kleine, primitive und homogene Gesellschaften dem nahekommen, ohne es zu beabsichtigen. Doch in primitiven Gesellschaften gibt es keine Kirchen, keine Hüter der religiösen Orthodoxie. Und es gibt keine Hüter der politischen Orthodoxie. Gleichförmigkeit der Überzeugungen wird nur in Gesellschaften geschätzt und erstrebt, die eine weite Strecke davon entfernt sind, und sie erreichen höchstens Gleichförmigkeit im äußerlichen Respekt vor der Orthodoxie und der offiziellen Ideologie.

Im Westen errangen in den letzten Jahrhunderten ideologische Überzeugungen die Herrschaft über Gesellschaft und Regierung. Oder vielleicht sollte ich sagen: Während sie weiterhin in der Religion die Befriedigung ihrer mehr persönlichen »moralischen« Bedürfnisse finden, wandten sie sich zunehmend anderen als religiösen Überzeugungen zu, um bestehende Praktiken zu bekräftigen oder zu verurteilen oder Bestrebungen zu rechtfertigen, die für soziale Klassen oder andere Gruppen typisch sind. Auch entnehmen sie mehr als ihre Vorfahren Überzeugungen Büchern und Broschüren, bewußt hergestellten Sozial- und politischen Theorien. Diese Theorien gehören zumeist zwei Arten an.* Einige gehen vom Individuum aus, schreiben ihm gewisse Bedürfnisse und Fertigkeiten zu und erklären, falls es sie habe, gebe es Forderungen, die es vernünftigerweise seinen Mitmenschen stellen könne, vorausgesetzt, es erfülle ähnliche, ihm gestellte Forderungen. Im Anschluß daran wird die bestehende Ordnung damit erklärt (und gerechtfertigt), daß sie diese Bedürfnisse und Forderungen befriedige, oder es heißt, eine andere Ordnung befriedige sie besser, und man befürwortet entweder eine gemäßigte oder eine so rasche und gründliche Veränderung, daß sie »revolutionär« ist.

Andere Theorien verstehen, statt dem Individuum besondere Fertigkeiten und Bedürfnisse zuzuschreiben und Grundrechte zu verlangen, die Menschheit als in einem Ablauf von Veränderungen einbezogen, in dem sich die Bedürfnisse, Fertigkeiten und Ansprüche des Menschen von Phase zu Phase ändern.

* Theorien lassen sich auf viele unterschiedliche Weisen klassifizieren. Die grobe Unterteilung in zwei Klassen, wie ich sie hier vornehme, ist nicht bedeutsamer als die anderen, aber für meine Absichten anwendbar. Ich behaupte nicht, daß sämtliche Sozial- und politischen Theorien in eine dieser beiden Kategorien fallen.

Häufig, wenn auch nicht immer, ist der Ablauf als Fortschritt dargestellt; die Fähigkeiten der Menschen seien um so »reicher entwickelt«, je weiter sie in dem Prozeß fortgeschritten seien, und ihre Bedürfnisse und Ansprüche änderten sich mit der Entwicklung der Fähigkeiten. Nicht alle diese Theorien nehmen es für ausgemacht, daß ein Fortschritt unvermeidlich sei, daß nichts ihn aufhalten oder die Menschen auf eine frühere Stufe zurückwerfen könne, doch viele davon implizieren schon, daß die Menschheit stets zum Fortschritt tendiere. Diese Bewegung werde zwar häufig behindert, setze sich aber immer wieder durch.

Theorien beider Typen können als Klassenideologien dienen oder zu ihnen beitragen. Doch nur solche des zweiten Typs gehen auf Ideologien und Klassen ein, indem sie zu erklären suchen, wie sie entstehen und in der Gesellschaft wirksam sind.

Selten geschieht es, daß irgendeine Theorie von einer Klasse oder ihren Führern im ganzen oder zum großen Teil akzeptiert wird. Gewöhnlich ist es so, daß mehrere im großen ganzen ähnliche Theorien beträchtlichen Einfluß auf die »Führer« der Klasse ausüben, auf Leute, die in ihr Ansehen genießen oder aus ihr rekrutierte Organisationen leiten. Diesen Theorien entnommene Gedanken werden mehr oder weniger kollektiv von den Führern übernommen, und einige darunter sickern zur Klasse insgesamt durch. Und eher diese unter den Führern oder allgemeiner in der Klasse geläufigen Gedanken als der Theorienkomplex selber, dem sie entnommen sind, bilden die »Ideologie der Klasse«. Der von den Führern (die nur eine Klassenminderheit bilden) verwendete Vorrat an Gedanken ist gewöhnlich weit reichhaltiger als der von der Klasse allgemein gebrauchte; dennoch gehört er rechtens in die Klassenideologie – falls die Führer die Klasse wirklich führen, falls sie das Vertrauen der Klasse im ganzen haben, falls sie deren echte Sprecher sind. Die Ideologie einer Klasse ist, wie schon gesagt, kein zusammenhängendes System wohldefinierter Überzeugungen, vielmehr ein Überzeugungskomplex, der sich beschreiben und von den Ideologien anderer Klassen unterscheiden läßt.

Selbst in den gebildetsten und aufgeklärtesten Gemeinschaften stammen nicht sämtliche Überzeugungen über die Gesellschaft, die in einer Klasse oder unter ihren Führern weithin Geltung erlangen, ursprünglich aus Büchern. Das gilt nicht weniger für die Ideologien der reicheren und besser ausgebildeten Klassen als für die der anderen. Ja, es geschieht recht häufig, daß die Führer der ärmeren und ungebildeteren Klassen mehr als die Führer anderer ihre Gedanken aus Büchern von Sozial- und politischen Theoretikern beziehen. Das muß nicht heißen, daß sie bei ihren Anhängern geringeres Vertrauen finden, obwohl es besagen kann, daß ihre Politik und ihre Argumente auf weniger Verständnis stoßen.

Offensichtlich haben in hochgebildeten und wirtschaftlich fortgeschrittenen Gesellschaften Bücher großen Einfluß auf sämtliche ideologischen Überzeugungen und mithin auch auf Klassenideologien. Man hat zahlreiche Bücher, über alle Aspekte des gesellschaftlichen Lebens und der gesellschaftlichen Veränderungen sind viele Gedanken im Umlauf. Es gibt mehr Menschen als in ungebildeten oder zurückgebliebenen Gesellschaften mit einigem Verständnis für das Funktionieren und den Wandel der Gesellschaft. Daher sind die Überzeugungen, die die Ideologie einer Klasse (oder einer anderen erheblichen sozialen Gruppe) ausmachen, verhältnismäßig aufgeklärt. Und sie sind dies hauptsächlich, weil jene, die sie hegen, nicht-ideologische Überzeugungen in Betracht ziehen müssen: Überzeugungen über gesellschaftliche und politische Angelegenheiten, wie sie in allen Klassen und sozialen Gruppen von denen akzeptiert werden, welche die Argumente und die Beweise dafür zu beurteilen vermögen. Zudem erkennt man in Gesellschaften mit aufgeklärten Klassenideologien, daß es solche Ideologien gibt. Es finden sich weithin geteilte Überzeugungen darüber und über ihre Ursprünge und Wirkungen, und viele dieser Überzeugungen beschränken sich nicht auf eine Klasse. Dies sind neutrale Überzeugungen. Selbst diejenigen Theoretiker, die das Vorhandensein solcher Überzeugungen über gesellschaftliche Phänomene bestreiten, greifen darauf zurück, wenn sie zu erklären suchen, was Ideologie sei und wie sich die Ideologie einer Klasse von der einer anderen unterscheide.

Ich sprach mehrmals von Menschen, die Überzeugungen vorwiegend deshalb annehmen, weil sie ihren Interessen nützen. Das ist eine gebräuchliche, doch auch irreführende Redeweise. Sie ist irreführend, falls sie den Eindruck erweckt, Interessen bestimmten Überzeugungen statt umgekehrt, denn sie beeinflussen sich wechselweise. Menschen mit ähnlichen Interessen dürften auch ähnliche Überzeugungen über Dinge im Zusammenhang mit diesen Interessen haben, und diese Interessen und Überzeugungen machen sie geneigt, gewisse neue Überzeugungen über jene Dinge eher anzunehmen als andere. Doch ebenso sind ihre Interessen durch Überzeugungen über andersartige Angelegenheiten beeinflußt. Das ist nur eine andere Formulierung dafür, daß die Klassen- und Gruppeninteressen zuweilen tiefgreifend von Überzeugungen beeinflußt sind, die keinen Bestandteil der Klassen- oder Gruppenideologien bilden. Überdies brauchen klassentypische Überzeugungen keine Klasseninteressen zu unterstützen; sie können deshalb typisch für die Klasse werden, weil sie Gefühle oder Haltungen ausdrücken, die in ihr, doch nicht außerhalb, weithin üblich sind. Auch diese Überzeugungen bilden einen Teil, und häufig einen wichtigen, der Klassenideologie. Bemerkenswert ist, daß die durch solche Überzeugungen ausgedrückten Gefühle und Haltungen den Interessen derjenigen schaden können, die sie haben. Eine Klassenideologie kann als schwere Last auf der Klasse liegen, die sie trägt.

Klassenbewußtsein

Eine Klasse (und das gilt genauso für jede andere soziale Gruppe) kann eine Ideologie haben, ohne klassenbewußt zu sein. Überzeugungen gelten in ihr vielleicht weithin, weil sie von den Angehörigen allgemein geteilte Interessen begünstigen oder Gefühle ausdrücken, obwohl es die Betreffenden nicht wissen. Ja, sie sind sich etwa nicht einmal bewußt, zu jener Klasse zu gehören.

Marx erklärte in einer oft zitierten Stelle aus dem *18. Brumaire*, warum den französischen Bauern seiner Meinung nach das Klassenbewußtsein fehle. Sie dachten und sprachen von sich als von Bauern, und Marx wußte das. Und er wußte vermutlich, daß sie klassentypische Bedürfnisse, Bestrebungen und Gefühle hatten. Zumindest leugnete er es nicht. Und er bestritt nicht, daß sie von diesen Bedürfnissen und Empfindungen wohl wußten, sie, oder einige davon, seien eigentümlich für Bauern. In einem ganz gewöhnlichen und zulässigen Sinn des Wortes waren die französischen Bauern klassenbewußt. Und sie hatten eine Klassenideologie. Bei ihnen, aber kaum außerhalb ihrer Klasse, gab es weithin verbreitete Überzeugungen, die sie im Verfolgen ihrer Bestrebungen rechtfertigten oder Befürchtungen, Abneigungen und andere vorwiegend auf sie beschränkte Empfindungen ausdrückten. Marx ging es nicht darum, das Vorhandensein solcher Überzeugungen abzustreiten.

Warum sagte er dann, diese Bauern seien nicht klassenbewußt? Weil sie nicht organisiert waren, um ihre Klasseninteressen zu vertreten. Weil sie nicht als Klasse zusammen handelten. Sie verfolgten keine gemeinsamen sozialen oder politischen Ziele; sie hatten nur die für ihre Klasse typischen Bedürfnisse und Gefühle. Von den städtischen Arbeitern, dem Proletariat, sagte Marx, sie erkennten ihre »wahren«, ihre »objektiven« Klasseninteressen erst, wenn sie klassenbewußt seien. Daß er den Bauern das Klassenbewußtsein absprach, impliziert daher, daß sie die »objektiven« Interessen ihrer Klasse nicht erkannten. Marx ging vielleicht noch weiter. Er bezweifelte offenbar, daß die Bauern jemals klassenbewußt sein könnten; und er dachte möglicherweise, Bürger und Proletarier seien als einzige Klassen imstande, Klassenbewußtsein zu erlangen. Lukács war davon und von noch mehr überzeugt. Denn er erklärte in *Geschichte und Klassenbewußtsein* ausdrücklicher, als Marx es jemals tat, das Proletariat werde schließlich ein volleres Bewußtsein erlangen, als es selbst dem Bürgertum möglich sei. Ich verweise auf diese Überzeugungen Marx' und Lukács' nur, weil sie wichtige und relevante Fragen auslösen.

Wer von einer Klasse sagt, sie kenne ihre objektiven Interessen nicht, kann lediglich meinen, sie habe falsche (oder gar keine) Vorstellungen von den für die Erreichung der klassentypischen Ziele günstigsten Bedingungen. Doch eben dies meinte Marx offenbar nicht. Denn er war überzeugt, die städtischen Arbeiter hörten im Prozeß des entstehenden Klassenbewußtseins auf, die Ziele zu haben, die sie vor Beginn des Prozesses hatten. Sie bildeten und veränderten sich im Lauf ihres Kampfes gegen ihre Ausbeuter. Sie organisierten sich in erster Linie, um die offenkundigeren und näherliegenden ihrer gemeinsamen Interessen zu verwirklichen. Doch die in der Verfolgung dieser Interessen gewonnenen Erfahrungen erweiterten ihr Verständnis für die Gesellschaft und für den Ort ihrer Klasse darin. Sie sähen jene Situation und ihren Kampf gegen ihre Ausbeuter in historischer Perspektive. Sie sähen, daß sie eine ausgebeutete Klasse seien und dies blieben, solange die kapitalistische Wirtschaft und die sie umfassende Gesellschaftsordnung andauerten. Deshalb strebten sie schließlich die Revolution, die Beendigung der bestehenden Ordnung an. Doch die für ihre Klasse typischen Bestrebungen seien, solange sie keine militante Klasse seien, mit dieser Ordnung verknüpft. In der Ablehnung dieser Ordnung lehnten sie auch jene Bestrebungen ab. Obwohl Marx dies nicht so wortreich sagt, ist es, wie ich meine, in seiner Darstellung des Proletariats als einer revolutionären Klasse deutlich impliziert. In dem Prozeß, der sie klassenbewußt und revolutionär werden lasse, verwürfen die Arbeiter die Werte der Gesellschaft, die sie vernichten wollten. Daraus folgt, daß sie jene ihrer Ziele ablehnten, die unabhängig von diesen Werten keine Bedeutung haben, oder daß zumindest ihr Motiv für den Versuch, die bestehende Ordnung zu vernichten, nicht die absurde Hoffnung sei, diese Ziele zu erreichen.

Marx' Vorstellung von der proletarischen Revolution ist, wenn ich sie nicht mißverstehe, nicht utilitaristisch. Es rechnet nicht damit, daß die Arbeiter im Verlauf ihrer Kämpfe neue persönliche Bestrebungen, neue Erwartungen für sich und ihre Familie entwickelten, wie sie sich nicht verwirklichen lassen, solange die alte Ordnung andauert. Wenn die Arbeiter klassenbewußt und revolutionär würden und die objektiven Interessen ihrer Klasse erkennten, kämen sie nicht zu Schlußfolgerungen dieser Art: Wir haben nun unsere eigenen, von denen unserer Väter unterschiedenen Ziele, und wir haben aus bitterer Erfahrung gelernt, daß wir sie nicht erreichen können, solange diese kapitalistische Wirtschaft nicht einer sozialistischen weicht. Wir müssen daher mit allen Mitteln in unserer Macht, notfalls auch unter Gewaltanwendung, danach trachten, den Kapitalismus durch den Sozialismus zu ersetzen. Eher kämen sie zu dem Schluß, sie müßten das für sie unerträgliche kapitalistische System vernichten und an seiner Stelle etwas Besseres errichten. Doch was dieses Bessere sein, wie es organisiert sein wird, wie die Menschen darin leben, was sie sich wünschen, wissen sie vorläufig nicht. Sie werden es erst nach der Revolution entdecken, wenn sie die dann anstehenden Probleme zu lösen bemüht sind. Das objektive Klasseninteresse des revolutionären Proletariats besteht nicht aus bestimmten, für die Klassenangehörigen typischen persönlichen Zielen, auch nicht aus festgelegten gesellschaftlichen Bedingungen, von denen man zu Recht annimmt sie begünstigten die Verwirklichung solcher Ziele. Die revolutionären Arbeiter erlangen Klassenbewußtsein und erkennen die wahren Interessen ihrer Klasse, wenn sie verstehen, von welcher Art das kapitalistische System ist, wie es entsteht, was es den Menschen antut; wenn sie entschlossen sind, ihm ein Ende zu bereiten, und sich organisieren, dieses Ziel zu erreichen, und wenn sie wissen, wie das erreichbar ist. Sie sind klassenbewußt, wenn sie fähig und willens sind, das System zu vernichten und der Menschheit eine Chance zu geben, an seine Stelle eine Gesellschaftsordnung zu setzen, in der niemand ausgebeutet oder entfremdet ist. Doch wie genau diese Ordnung beschaffen sein und wie der nicht mehr ausgebeutete und entfremdete Mensch leben wird, wissen sie nicht. Es ist ein nach der Revolution zu erlangendes Wissen; und dennoch müssen die Arbeiter klassenbewußt werden und die objektiven Interessen ihrer Klasse erkennen, um die Revolution zu betreiben.

Marx' Gedanken über Klassenbewußtsein und speziell über proletarisches Bewußtsein griff Georg Lukács auf und entwickelte sie weiter. Er sprach von Bürgern und Proletariern als von den hervorstehend klassenbewußten Klassen und bestand doch trotz alledem darauf, daß die Bürger notwendig in einer Illusion befangen seien. Ihre typischen Ziele seien eindeutig genug. Sie wünschten, ihre Profite zu erhalten und nach Möglichkeit zu steigern. Sie betrachteten die kapitalistische Wirtschaft und den bürgerlichen Staat als die Voraussetzungen dafür, und darin täuschten sie sich nicht. Dennoch stimmt Lukács Marx zu, daß das Klassenbewußtsein der Bürger eine Form falschen Bewußtseins sei. Denn obwohl sie zu Recht meinten, daß die Erhaltung des bestehenden Systems in ihrem Interesse als dem einer Klasse liege, begriffen sie doch das System falsch. Sie könnten nicht die ihm innewohnenden »Widersprüche« verstehen und daher auch nichts Wirksames unternehmen, um sie aufzulösen. Denn wenn sie diese verständen und wüßten, wie sie zu lösen seien, verständen sie auch, daß sie sich nicht ohne Abschaffung des Systems auflösen lassen. Doch ihr Überleben als Klasse und ihr Verfolgen der für sie typischen Interessen hingen von der Fortdauer des Systems ab. So seien ihre Illusionen über das System, ihr Versagen, seine Vergänglichkeit zu erkennen, notwendige Illusionen; sie ließen sich nur zusammen mit dem Willen aufgeben, als Klasse zu überleben.

Nun sind nach Lukács zwar nur die Arbeiter ausgebeutet, »entfremdet« aber auch die Bürger. Auch sie betrachteten gesellschaftliche Verhältnisse, die nur menschliche Verhaltensweisen sind, als handle es sich um Dinge. Statt sie zu kontrollieren, begegneten sie ihnen als weithin unberechenbaren Kräften von außen, vor denen man resignieren müsse. Daher sind Nicht-Marxisten zu fragen versucht: Wie kommt es, daß sie ihre Lage nicht kennen und nicht wünschen, sie dadurch zu beendigen, daß sie dem System, in dem sie wurzelt, ein Ende machen? Falls der Mensch, ein *wesentlich* fortschrittliches Wesen, unter sozialen und kulturellen Bedingungen »entfremdet« ist, die nichts als seine Verhaltens- und Denkweisen sind, und falls ihn die Erfahrung lehrt, diese Entfremdung und diese Bedingungen zu überwinden: Warum lehrt sie dies den Bürger nicht ebenso wie den Proletarier? Weil es, wie Lukács impliziert, nicht in seinem Interesse als Bürger liegt, zu lernen. Doch dies bedeutet nur, daß er dann, wenn er doch lernt, dem System ein Ende zu bereiten wünscht, von dem das Überleben seiner Klasse abhängt. Das gleiche gilt vermutlich vom Proletarier. Wenn sich von der einen Klasse sagen läßt, die Abschaffung des Systems, von dem die Identität der Klasse abhängt, liege in seinem Klasseninteresse, warum dann nicht auch von der anderen? Dies ist vielleicht ein schiefer Gebrauch des Terminus »Klasseninteresse«, doch im einen Fall nicht mehr als im anderen. Sagte jemand: »Es liegt in Johannas Interesse *als Frau*, eine Scheidung zu erreichen«, kann man – es sei denn, sie habe zwei Ehemänner – den Ausdruck als schief empfinden, aber man läßt ihn durchgehen. Sagte er jedoch: »Obwohl es im Interesse der Ehemänner qua

Ehemänner liegt, sich scheiden zu lassen, liegt es nicht im Interesse der Ehefrauen qua Ehefrauen«, müßte man ein Recht auf eine Erklärung empfinden, und wenn die Antwort lautet: »Sehen Sie, wenn Ehefrauen geschieden werden, hören sie auf, Ehefrauen zu sein«, wäre man wohl enttäuscht.

Lukács räumt ein, daß ein Bürger dahin kommen könne, das System zu verstehen und seine Abschaffung zu wünschen. Tut er das, so entscheidet er sich außerhalb seiner Klasse. Warum? Weil er tut, was die meisten Bürger nicht tun werden? Lukács erklärt nicht, warum das so sein sollte. Die Folgerung lautet nicht, daß es einfach deshalb so sein muß, weil die Bürger Ausbeuter sind und die Arbeiter ausgebeutet werden. Nicht, falls beide Klassen entfremdet sind und der Mensch ein *fortschrittliches* Wesen in dem Sinn ist, wie dies Lukács und Marx verstehen.

Verlassen wir einen Augenblick Bürger und Proletarier, denn tief verwurzelte und dunkle Überzeugungen über sie legen sich einem klaren Denken in den Weg. Stellen wir uns zwei Gesellschaften vor, die eine mit Bankiers und Fleischern, die andere ohne sie. In der ersten Gesellschaft seien die Bankiers reich und mächtig, die Fleischer dagegen nicht. In der zweiten Gesellschaft, die egalitär und vegetarisch sei, führen die Menschen ein erfüllteres und abwechslungsreicheres Leben als irgendwer in der ersten. In dieser haben die Bankiers für ihren Beruf typische Bestrebungen, und das gleich gilt für die Fleischer. Es gibt gesellschaftliche Bedingungen, zwar verschieden für jeden Beruf, doch nicht unvereinbar, die die Bankiers oder die Fleischer im Verfolgen ihrer Ziele begünstigen. Das besagt, Bankiers und Fleischer haben bestimmte Gruppeninteressen innerhalb der bestehenden Ordnung. Außerdem haben sie Überzeugungen in Übereinstimmung mit ihren Interessen oder als Ausdruck ihrer gruppentypischen Einstellungen; sie haben Gruppenideologien.

Nehmen wir an, ein tieferes Verständnis für den Ablauf gesellschaftlicher Veränderungen und für das mit der fortschrittlichen Natur des Menschen Gegebene veranlasse jemanden, der es erwirbt, die erste Gesellschaft abzulehnen und die andere an ihre Stelle zu wünschen, und jenes Verständnis entstamme nicht dem Bücherwissen und dem einzelgängerischen Nachdenken, sondern der Zusammenarbeit mit anderen Menschen bei der Verwirklichung gemeinsamer Interessen. Warum sollten Fleischer dann wahrscheinlicher zu dieser Einsicht kommen als Bankiers? Weil sie bald bemerken, daß sie innerhalb der bestehenden Gesellschaftsordnung wenig dafür tun können, daß Fleischer genauso reich und mächtig wie Bankiers werden? Doch Bankiers sind gebildeter als Fleischer und besser ausgerüstet, den Ablauf gesellschaftlicher Veränderungen zu studieren. Warum sollte ihr Mehr an Reichtum und Macht der Einsicht im Wege stehen, daß es in Reichweite aller Menschen etwas gibt, das zu besitzen mehr lohnt als das, was Bankiers jetzt haben?

Die Aussage, ein Bankier mit dieser Einsicht höre auf, ein typischer Bankier zu sein, impliziert, daß es die meisten Bankiers nicht entdecken werden. Wer immer so etwas äußert, muß erklären, warum es so ist. Falls er argumentiert, Bankiers, so wie sei seien, gehe es gut, und sie hätten deshalb keinen Anreiz, es zu entdecken, nimmt an, sie seien so sehr an die Normen ihrer Gruppe gebunden, daß Erfahrung und Nachdenken sie nicht befreien könne. Warum sollte das gleiche nicht von den Fleischern gelten? Warum sollten sie nicht gleichermaßen an die Normen ihrer Gruppe gebunden sein? Warum sollten sie erwarten, etwas anderes als Fleischer zu sein? Oder falls es für Bankiers und Fleischer gemeinsame Normen gibt, die in den Augen beider Gruppen das Los eines Bankiers besser machen als das eine Fleischers, warum sollten dann die Fleischer nicht danach trachten, Bankiers zu werden? Und falls sie feststellen, daß sie keine Bankiers werden können, so sehr sie sich auch bemühen, und sich deshalb entschließen, die bestehende Ordnung zu zerstören und so alle Menschen auf eine Ebene zu stellen: Warum sollte man dann annehmen, daß diese Entscheidung irgend etwas mit einem tieferen Verständnis für den Ablauf von gesellschaftlichen Veränderungen und für den Menschen als ein fortschrittliches Wesen zu tun hat?

Gibt es andererseits wirklich ein tieferes Verständnis, ist der Mensch tatsächlich ein fortschrittliches Wesen und sind Bankiers, wiewohl reicher, gebildeter und mächtiger als Fleischer, auch entfremdet: Warum sollten sie so an die Normen ihrer Gruppe oder der Gemeinschaft gebunden sein, daß Erfahrung und Nachdenken sie nicht davon befreien können? Falls die

»objektiven Interessen« der Fleischer in Zielen bestehen, die sie erreichen, wenn sie dieses tiefere Verständnis erlangt haben, warum sollten Bankiers dann nicht auch »objektive Interessen« haben? Es wären natürlich dieselben »objektiven Ziele« wie diejenigen der Fleischer; was bedeutete, daß es keine Gruppenziele wären. Es wären nicht die Ziele von Bankiers qua Bankiers oder von Fleischern qua Fleischern, sondern humane Interessen, zu realisieren in einer Gesellschaft, die weder Bankiers noch Fleischer kennt.

Lukács nimmt, wie vor ihm Marx, als ausgemacht an, daß das Erlernen gemeinsamen Handelns zur Verteidigung ihrer unmittelbaren Interessen eine ganz andere Auswirkung auf Arbeiter als auf Bürger hat, weil sie eine ausgebeutete Klasse und daher mehr entfremdet seien. Diese Schlußfolgerung liegt für ihn offenbar so klar zutage, daß es keines weiteren Arguments bedarf. Er nimmt an, daß bei jeder erdenklichen Verbesserung der Arbeiterlage unter dem Kapitalismus sie sich doch nie so sehr bessern werde, daß die Arbeiter Interessen und eine Ideologie übernähmen, die mit der bestehenden Ordnung übereinstimmte. Er nimmt weiter an, die Gesellschaft werde sich nicht derart ändern, daß sie aufhörte, kapitalistisch zu sein, ohne sozialistisch zu werden, und er stellt keine mißlichen Fragen nach der Identität der Klassen. Hans Schmidt ist an seinem sechzehnten Geburtstag kaum mehr, was er sechzig Tage nach seiner Geburt war; er ist nicht als dieselbe Person erkennbar und dennoch dieselbe Person. Aber warum hört eine Klasse auf, es zu sein? Man kann sie in Begriffen der gesellschaftlichen Verhältnisse definieren, in denen ihre Angehörigen stehen, oder in Begriffen ihrer typischen Ziele oder in Begriffen ihrer Überzeugungen; doch diese drei Dinge ändern sich ständig. Ist man zu Definitionen aufgelegt, wählt man ohne Zweifel gesellschaftliche Verhältnisse oder Ziele oder Überzeugungen, die sich langsam ändern; doch selbst sie ändern sich schließlich so sehr, daß die davon betroffenen Menschen eine neue Klasse bilden.

Nimmt man eine Klasse (oder eine andere soziale Gruppe) und definiert sie grob in Begriffen gewisser gesellschaftlicher Verhältnisse, in denen ihre Angehörigen stehen, entdeckt man vielleicht klassentypische Ziele und definiert die für ihre Verwirklichung günstigsten Bedingungen in Übereinstimmung mit der gewahrten Klassenidentität. Diese Bedingungen lassen sich »objektive Interessen« der Klasse nennen, und man kann sagen, die Klasse sei »klassenbewußt«, wenn ihre Mitglieder wirksam organisiert sind, um ihre Interessen zu verfolgen, und Überzeugungen (eine Ideologie) besitzen, die zu diesem Bestreben beitragen. Definiert man jedoch ihre objektiven Interessen und ihr Klassenbewußtsein als die Ziele und Überzeugungen, die ihre Angehörigen dann hätten, wenn sie die wahre Bedeutung des Geschichtsablaufs erkennten, könnte man zu dem Schluß gezwungen sein, daß entweder die objektiven Interessen und das Bewußtsein aller Klassen gleich sind oder daß keine Klasse jemals volles Bewußtsein erlangt. Wagt man, wie Lukács, für eine Klasse zu behaupten, sie allein sei zur Erlangung jenes Bewußtseins bestimmt, muß man zur Bekräftigung der Behauptung mehr tun, als wiederholt zu behaupten, es handle sich um die am meisten ausgebeutete und entfremdete Klasse.

Gibt man die Vorstellung vom Klassenbewußtsein, wie Lukács sie aus Anregungen Marx' entwickelte, als logisch absurd auf, hat man sich noch nicht die Aussage verbaut, einige Klassen seien dem Klassenbewußtsein näher als andere. Man kann sagen, sie kennten ihre Interessen besser. Man kann sagen, infolge des Zusammenwirkens bei der Förderung ihrer Interessen würden sie sich schärfer bewußt, wie sie sich von anderen Klassen unterscheiden. Zweifellos ändern sie im gemeinsamen Handeln ihre Interessen. Dennoch ergibt es einen Sinn zu sagen, daß sie ihre neuen Interessen besser kennen, als sie ihre alten kannten, und daß sie klassenbewußter sind, weil sie ein schärferes, volleres und zutreffenderes Bild ihrer Klasse besitzen. In dieser Hinsicht gleichen Klassen und andere soziale Gruppen Individuen; sowie sie ein volleres und genaueres Bild ihrer selbst erlangen, haben sie sich verändert, was nicht ausschließt, daß das neue Bild der neuen Wahrheit näher ist als das alte Bild der alten.

Je kleiner eine soziale Gruppe ist, um so wahrscheinlicher wird ein hoher Anteil ihrer Angehörigen gruppenbewußt sein. Klassen sind gewöhnlich große Gruppen. Deshalb gilt eine Klasse als klassenbewußt, wenn sie Führer hat, deren Recht, für sie zu sprechen, von der Klasse anerkannt ist, und wenn die Führer klassenbewußt sind. Die Frage läßt sich nicht unterdrücken, was ein guter Beweis dafür ist, daß der Anspruch einer Person, für andere zu sprechen, von diesen anderen anerkannt wird. Dies ist eine schwierige, in beträchtlicher Ausführlichkeit zu erwägende Frage, wenn sie überhaupt bedenkenswert sein soll. Obwohl die Menschen in ihrem Urteil über die Behauptungen bestimmter Führer oder Führergruppen, für ihre Anhänger zu sprechen, voneinander abweichen, stimmen sie darin überein, daß solche Ansprüche zuweilen richtig und zuweilen falsch sind. Aus gewissen Gründen – wie etwa um bestimmter, nach internationalem Recht legaler Zwecke willen – gelten Führer, denen es wie auch immer gelingt, ihre Anhänger zu dem von ihnen Verlangten zu bringen, als deren Sprecher. Aber Führer einer Klasse oder einer Nation, die nicht mehr als dies tun, *sind* nicht ihre Sprecher, es sei denn in einem legalistischen Sinn. Darüber ist man sich – auch Hitler und Stalin nicht ausgeschlossen – in jedem Fall einig; denn kein Führer, und sei er noch so streng, gründet seinen Anspruch, für sein Volk zu sprechen, auf seine bloße Fähigkeit, es durch welche Mittel auch immer zu dem zu bringen, was er von ihm fordert. Was Stalin auch von Stalin dachte, er gab zu, daß Führer, die für eine Klasse zu sprechen behaupten, zuweilen etwas Falsches für sich in Anspruch nehmen. Das Zugeständnis ist in seinen Angriffen auf Führer der Arbeiterklasse im Westen als Lakaien der Bourgeoisie impliziert.

Falls der Anspruch der Führer, für eine Klasse zu sprechen, falsch ist, kann die Klasse nicht schon deshalb als klassenbewußt gelten, weil die Führer wissen, worauf sie abzielen, eine kunstvolle Theorie zur Rechtfertigung ihrer Ziele besitzen und die Klasse so wirkungsvoll organisiert haben, daß das Erreichen dieser Ziele garantiert ist.

6. DIE POLITISCHE ANWENDUNG VON IDEOLOGIE

Unter Ideologie verstehen viele vor allem die Lehren, denen politische Parteien oder andere Organisationen anhangen oder die sie in ihrem Bestreben anwenden, Macht und Einfluß zu erlangen. In diesem Sinn wird sie absichtlich formuliert und genutzt; und das haben die meisten vor Augen, wenn sie von Indoktrination sprechen. Doch man meint nicht, sie sei gänzlich von den Parteien und anderen organisierten Gruppen erfunden worden, die sich ihrer bedienen; man denkt sie als verbunden mit Ideologie in einem weiteren Sinn und von ihr genährt. Parteien und andere Gruppen wenden sich an gewisse Klassen und Bevölkerungsteile mehr als an andere, und sollen ihre Lehren attraktiv sein, müssen sie zu den Überzeugungen, Haltungen und Erwartungen jener Klassen oder Bevölkerungsteile stimmen. So lebt Ideologie im engeren, »politischen« Sinn von Ideologie in weiterem und lockerem Sinn. Ja, sie gedeiht nicht nur darauf, sondern wirkt auch mit, sie umzuformen. Dieses Wechselverhältnis zwischen »politischer« und »populärer« Ideologie wurde zwar häufig bemerkt, doch nie studiert.

Marxisten beispielsweise denken sich die Lehren »bürgerlicher« Parteien als irgendwie aus den von einer ganzen Klasse geteilten Überzeugungen und Haltungen entstanden und bestreiten dennoch nicht, daß die Lehren auf die Überzeugungen und Haltungen zurückwirken. Sie räumen ein, daß die Lehren mehr leisten, als nur eben am Zusammenhalten der Klassenorganisation mitzuwirken, deren Lehren sie sind, und sie geben ebenfalls zu, daß die Lehren Einfluß ausüben auf das Denken der Klasse, auf deren Bild der Gesellschaft, zu der sie gehört, und auf ihren Ort darin. Und Klassenideologie »spiegelt«, als Ganzes in ihren »politischen« und ihren

»populären« Aspekten genommen, irgendwie die Interessen der Klasse. All dies behaupten oder implizieren Marxisten, doch ohne zu erklären, wie genau Klassenideologien Klasseninteressen »widerspiegeln« oder wie sie die Lehren organisierter Gruppen auf die Überzeugungen und Haltungen von Klassen beziehen.

Nach Marx ist bürgerliche Ideologie »falsches Bewußtsein«; es besteht aus Illusionen oder beruht darauf; die Überzeugungen der Proletarier dagegen sind nicht illusionär oder müssen es nicht sein. Bei ihnen läuft es nicht, wie bei den Bürgern, dem Klasseninteresse zuwider, die Welt und zumal die gesellschaftliche Welt als das zu sehen, was sie ist. Dieser marxistische Freispruch zugunsten der Proletarier wurde von späteren Denkern zurückgewiesen, deren Gedanken über Ideologie, ihre gesellschaftlichen Funktionen und politischen Anwendungen Marx dennoch Erhebliches verdanken.

Wo Marx und seine Schüler von »Ideologien« sprechen, sagt Pareto »Ableitungen« und Sorel »Mythen«. Pareto und Sorel unterscheiden sich von Marx und den Marxisten in zwei wichtigen Hinsichten: ihre »Ableitungen« oder »Mythen« »spiegeln« keine Klassenintereessen, und keine Klasse oder gesellschaftliche Gruppe ist eigens von der Illusion ausgeschlossen. Diese Abweichungen von Marx sind es wert, etwas detaillierter erörtert zu werden, denn sie illustrieren Weisen, über Ideologie zu denken, die heute, zumal unter nicht-marxistischen politischen Autoren, gang und gäbe sind.

Mythen und unechte Ziele

Paretos »Ableitungen« und Sorels »Mythen« sind Überzeugungs- oder Lehrenkomplexe, die dazu dienen, die Handlungen von Gruppen zu rechtfertigen und in einem gewissen Maß zu steuern. Diese Handlungen entspringen nach Pareto »Instinkten«, die dem »entsprechen«, was er »Residuen« nennt; und unter Residuen versteht er das Gemeinsame an Theorien, deren Inhalte sich unterscheiden, doch deren Funktionen gleich sind, wenn man das ausschaltet, was sie den Umständen, der Zeit und dem Ort verdanken. Nach Sorel entspringen sie aus »Impulsen«. Wir müssen uns nicht damit aufhalten und näher erörtern, was Pareto mit »Residuen« meinte (was jedenfalls nicht klar ist) und wie das von ihm »Instinkt« Genannte sich von Sorels »Impulsen« unterscheidet. Ich werde ohne weiteres Aufheben von Instinkten und Impulsen sprechen, selbst wenn Pareto das Wort »Instinkt« in einem weiteren und ungenaueren Sinn verwendete, als es Erforscher des menschlichen oder auch des tierischen Verhaltens jetzt für angängig halten.

Obwohl Pareto dachte, man finde diese Instinkte bei Menschen aller Zeitalter, sagte er doch, sie seien bei manchen stärker als bei anderen. Die aus ihnen hervorgehenden Handlungen und daher auch die »Ableitungen«, die diese Handlungen rechtfertigen und steuern, unterscheiden sich je nach den Umständen. Denn wie sich ein Instinkt im Tun auswirkt, muß in weitem Maß von den Situationen der Menschen abhängen, die sie zum Handeln bewegen. Das gleiche gilt vermutlich für Sorels Impulse.

Sowohl Pareto wie Sorel nahmen es als ausgemacht, daß die aus diesen Instinkten oder Impulsen hervorgehenden Handlungen zumeist nicht-rational sind (oder »nicht-logisch«, wie Pareto es formulierte). Es ist nicht klar, warum das so sein soll. Menschen können (und tun es häufig) impulsiv und ohne Nachdenken handeln, mithin nicht-rational. Doch ihre »Instinkte« und »Impulse«, ihre nicht-rationalen Handlungsursprünge, lassen auch bewußte Wünsche und daher Absichten entstehen. Gesetzt, die Absichten sind miteinander vereinbar und die Handlungen zielen vernünftig auf ihre Verwirklichung ab: dann sind die Handlungen rational – selbst wenn diejenigen, deren Handlungen es sind, nichts von »Instinkten« wissen, in denen ihre bewußten Wünsche und Absichten wurzeln. Anzeichen sprechen dafür, daß zumindest Pareto dies erkannte, obwohl er es auch gelegentlich wieder vergaß. Ich werde auf diesen Punkt später in anderem Zusammenhang zurückkommen.

Weder Pareto noch Sorel dachten sich bei Äußerungen über Handlungen auf der Basis von »Ableitungen« oder »Mythen« die betreffenden Menschen so, als teilten sie folgerichtige und realistische Absichten und als täten sie sich zu deren Verwirklichung zusammen. Sie stellten es sich eher so vor, als zögen sich diese Menschen durch das Bedürfnis an, »Instinkte« und »Impulse« auszuleben, deren sie sich nicht bewußt sind. Ihre Handlungen sind natürlich ein Auslaßventil für diese Instinkte und Impulse, doch die Theorien, die man benutzt, um ihr Tun zu rechtfertigen, liefern nur Entschuldigungen für Handlungen, deren verborgene Quellen man nicht kennt. Sorel war auf seine besondere Weise radikal; er idealisierte die revolutionäre Haltung und stimmte mit Marx darin überein, daß die Arbeiter die revolutionäre Klasse par excellence bildeten. Daher befaßte er sich eingehend mit dieser Klasse, mit ihren Tätigkeiten und Mythen. Aber er ließ mehr oder weniger den marxistischen Gedanken fallen, die Arbeiter verfolgten ihre Klasseninteressen. Revolution, wie er sie verstand, findet nicht im Interesse einer Klasse statt; sie realisiert nur den revolutionären Impuls, den nämlich, das als frustrierend und erniedrigend Empfundene zu vernichten und unbelastet von der Vergangenheit in die Zukunft zu gehen. Der Mythos rechtfertigt das aus dem Impuls hervorgehende Tun. Und er wird nicht deshalb akzeptiert, weil er kritisch geprüft und für wahr befunden wäre, sondern weil er rechtfertigt, was seine Anhänger zu tun getrieben sind.

Pareto besaß keine romantische Vorliebe für das Proletariat. Gesellschaftlich war er konservativ, politisch ein Liberaler. Dennoch war er kein Konservativer in der Weise Burkes; er meinte nicht, daß Vorverständnis und Tradition rational seien, weil sie die oft teuer erkauften Lehren der Erfahrung enthielten und es daher folgenden Generationen ermöglichten, von ihnen zu profitieren, ohne sich wieder dem schmerzlichen Lernen unterziehen zu müssen. Vorverständnisse und die darauf aufgebauten Theorien dienten eher dazu, aus »Instinkten« hervorgegangene Handlungen zu rechtfertigen. Was diese Instinkte seien, brauche man nicht zu erfragen, denn nicht sie, sondern die von ihnen unter bestimmten gesellschaftlichen Bedingungen bewirkten Handlungen rechtfertigten und steuerten in gewissem Grad die »Ableitungen« (oder Ideologien).

Pareto glaubte, menschliches Verhalten sei häufig (vielleicht häufiger als nicht) »nicht-logisch« oder wie es zumeist heißt: »nicht-rational«. Um dieses allgemeine Urteil zu stützen, verwies er darauf, daß das Verhalten aus dem Instinkt hervorgehe. Dennoch räumte er auch ein, daß aus gewissen Instinkten rationale Tätigkeiten hervorgingen: zum Beispiel die Wissenschaft aus dem, was er den »Kombinationsinstinkt« nannte. Unglücklicherweise bemerkte er offenbar nicht, daß sich das gleiche von allen Instinkten ohne Gewinn oder Verlust für die allgemeine These sagen läßt, menschliches Verhalten sei vorwiegend nicht-rational, weil jeder Instinkt Rationales wie Nichtrationales hervorbringen kann. Man fasse »Instinkt« weit genug (und Pareto faßte den Begriff offenbar so weit wie nur möglich), dann geht alles menschliche Verhalten daraus hervor. Und es bleibt noch immer die Notwendigkeit zu erklären, wie sich rationales Verhalten von nicht-rationalem unterscheidet und wie es kommt, daß das meiste Verhalten nicht-rational ist – falls man davon überzeugt ist.

Pareto hätte vermutlich zugegeben, daß viele menschliche Handlungen automatisch oder gewohnheitsmäßig sind und es auch sein sollten; daß es etwa keine üble Sache ist, wenn sich die Menschen gewöhnlich die Nase putzen, ohne sich erst dafür zu entscheiden. Vielleicht meinte er, die meisten zweckvollen menschlichen Handlungen seien nicht rational oder nicht das, wofür sie diejenigen halten, deren Handlungen es sind; oder vielleicht hatte er nur einige Klassen zweckvoller Handlungen im Sinn, so etwa »Kollektive«, an denen mehr als eine Person beteiligt sind.

Gewiß setzen sich kollektive Handlungen aus individuellen zusammen; doch oft läßt sich zwischen den privaten Zielen der Personen, die an einer Kollektivhandlung teilnehmen, und den gemeinsamen Zielen unterscheiden, die sie vermutlich haben. Ja, man behandelt gewöhnlich die Handlungen mehrerer (oder vieler Personen) nicht als kollektive, solange man ihnen kein gemeinsames Ziel zuspricht, obgleich man auch, vor die Frage gestellt, bereitwillig zugibt, daß dieses Zusprechen fiktiv ist oder sein kann. Gewöhnlich werden die vermutlich gemeinsamen Ziele von einer oder mehreren Personen definiert, welche die kollektiven Handlungen leiten, oder auch durch die Führer der Gruppen oder Gemeinschaften, deren Angehörige an einer Vielzahl solcher Handlungen teilnehmen. Gemeinsame Ziele sind – sei die Gemeinsamkeit nun echt oder fiktiv – zuweilen gut definiert, so daß sich leicht erkennen läßt, ob sie erreicht oder nicht erreicht werden; doch recht häufig sind sie vag oder schlecht definiert oder werden von denen, die sie vermeintlich teilen, unterschiedlich verstanden: so etwa Ziele wie Chancengleichheit, Gewissensfreiheit oder soziale Gerechtigkeit.

Nun entstehen nach Pareto diese »gemeinsamen« Ziele, auch die weitest gefaßten, mutmaßlich (wie alle Ziele) aus »Instinkten«. Sie neigen dazu, die wenigst präzisen Ziele und diejenigen zu sein, die häufig von »Ableitungen« oder ideologischen Lehren und Theorien gestützt sind. Gerade scheinbar auf sie gerichtete Handlungen sind am wahrscheinlichsten ziellos oder haben Ziele, die nicht öffentlich zugegeben werden oder unvereinbar oder unrealisierbar sind. Mutmaßlich hatte Pareto hauptsächlich diese Handlungen im Sinn, als er von nicht-logischem Verhalten sprach.

Wie andere Denker, die sich über den Mangel an Vernunft in menschlichen Angelegenheiten äußern, unterließ auch Pareto den Versuch, verschiedene Arten zweckvollen Handelns zu unterscheiden, die vermutlich in Trieben unter der Ebene bewußter Zwecke wurzeln, und zu fragen, inwiefern sie rational seien oder nicht. Nicht nur, daß sich Handlungen in dieser Hinsicht erheblich unterscheiden: die gleichen Handlungen können rational sein oder nicht, je nach den Zielen, die man bei ihrer Beurteilung berücksichtigt. Eine Kollektivhandlung unter Beteiligung vieler kann, als Ganzes genommen, ziellos sein, denn ihre anerkannten oder offiziellen Ziele sind möglicherweise zu vag, um überhaupt wirkliche Ziele darzustellen. Doch jeder an der Handlung Beteiligte kann ganz bestimmte private Ziele haben, und sein Vorgehen ist vernünftig darauf ausgerichtet. Die Kollektivhandlung als ganze ist ziellos und nicht-rational, doch die individuellen Handlungen, aus denen sie sich zusammensetzt, sind dennoch rational. Oder es kann auch mehrere Gruppen unter den Teilnehmern geben, die sämtlich definite Ziele haben und für deren Verwirklichung vernünftig zusammenarbeiten. Die vernünftig ihre Ziele verfolgenden Individuen und kleineren Gruppen können den umfassenderen, unechten Zielen, die sie mit anderen »teilen«, skeptisch gegenüberstehen oder nicht. Und natürlich sind die umfassenderen Ziele nicht unbedingt unecht.

Pareto sagte nicht, daß sie es sein müßten; er nahm lediglich an, sie seien öfter unecht als nicht. Dabei machte er, wie ich meine, den Fehler, nicht genügend den Unterschied zwischen zwei Arten von Zielen zu berücksichtigen: den allgemeinen und den partikularen. Jede dieser Arten kann privat oder gemeinschaftlich sein. Hans mag das Ziel haben, ein gerechter Mensch zu sein, und dieses sein Ziel ist privat und allgemein. Er hat klare und realistische Vorstellungen von dem, was zu einem gerechten Menschen gehört oder nicht. Doch Hans kann ebenso zusammen mit seinen Nachbarn darauf abzielen, die Rechtsprechung des örtlichen Gerichts zu verbessern. Dann haben er und seine Nachbarn ein gemeinsames und ein allgemeines Ziel, das abermals definit und realistisch sein mag oder nicht. Nähmen sie sich vor, eine bestimmte Person in ein Amt wählen oder in der Gegend eine neue Schule bauen zu lassen, wäre das gemeinsame Ziel partikular. Ein privates oder gemeinsames allgemeines Ziel richtet sich auf die Einführung oder Erhaltung einer Norm oder eines Prinzips in einem bestimmten Handlungsbereich.

Allgemeine Ziele sind gewöhnlich weniger präzis als partikulare. Ich weiß nicht, ob sie als gemeinsame oder als private weniger präzis sind. Doch gibt es gute Gründe für die Annahme, daß gemeinsame allgemeine Ziele nicht nur häufig vag sind, sondern es auch sein sollten. Wären sie präziser, fiele es einer großen Anzahl von Menschen oft schwer, sich darauf zu einigen; sie ließen keinen Raum für Beweglichkeit und Kompromisse. Setzen sie dem, was sich tun läßt, keine Grenzen, sind sie leer; ziehen sie zu enge Grenzen, sind sie mehr hinderlich als nützlich. Sie zu verfolgen darf nicht lediglich deshalb als nicht-rational gelten, weil dies anders geschieht als das Verfolgen partikularer Ziele. Und die Überzeugungen und Theorien, die sie rechtfertigen, kann man nicht deshalb ablehnen, weil sie dazu dienen, Nicht-Rationales rational aussehen zu lassen.

Pareto war kein Demokrat. Er hatte vielleicht nichts gegen die Demokratie, hielt sie aber für unanwendbar. Eine dem Volk echt verantwortliche Regierung sei unmöglich. Allenthalben gebe es eine herrschende Klasse oder eigentlich eine Gruppe von »Eliten«, die unter sich die von den Massen akzeptierten Entscheidungen treffen. »Ableitungen« dienten unter anderem dazu, die bestehende Ordnung in den Augen der Eliten und der Massen zu rechtfertigen. Diese Ordnung (oder Teile davon) stelle sich den Eliten und den Massen so dar, daß sie vag konzipierte Ziele fördere. Verschiedenen Eliten und Massen stelle sie sich verschieden dar. Auch gebe es Ableitungen, welche die bestehende Ordnung stürzten. Es finde ein Kreislauf von Eliten statt, die sich gegenseitig Platz machten. Gewisse »Instinkte« seien in bestimmten Eliten und auch Massen aktiver als in anderen. Ableitungen änderten sich nicht nur mit den »Instinkten« der sie akzeptierenden Gruppen; sie veränderten sich auch mit den gesellschaftlichen und kulturellen Bedingungen. Da Ableitungen eher dazu dienten, die bestehende Ordnung zu erhalten oder zu stürzen, als die von ihnen vorgetragenen vagen und weithin unerreichbaren Ziele zu fördern, unterliege einer Illusion, wer sie akzeptiere. Er bilde sich ein, sich ernstlich mit der Verwirklichung dieser Ziele zu befassen, während er es in Wirklichkeit nicht tue.

Ich hoffe, daß dies keine ungerechte Darstellung eines Teils von Paretos Lehre ist. Doch sie gibt – Pareto gegenüber gerecht oder nicht – den Kern einer Einstellung wieder, der viele nahekommen. Sie hat etwas Richtiges an sich, obwohl sie auch irreführend ist. »Gemeinsame« Ziele, getragen von einer Ideologie, die mehr gebilligt als verstanden wird, sind recht häufig so vage, daß sie als leer gelten können. Es stimmt, daß vermeintlich gemeinsame Ziele und die sie tragenden Ideologien dazu dienen, Menschen dadurch an der Macht zu erhalten oder sie dorthin zu bringen, daß sie die Unterstützung der Massen bewahren oder gewinnen. Wer Macht hat oder sie anstrebt, nimmt häufig »gemeinsame« Ziele und Ideologien, an die er nicht glaubt, in den Dienst seines Ehrgeizes.

Doch Ideologie leistet häufig mehr, als nur eine Gemeinschaft oder Gruppe dadurch zusammenzuhalten, daß sie ihr die Illusion verschafft, gemeinsame Ziele zu haben und sie rational zu verfolgen; sie drückt auch eine Vorliebe für bestimmte Ziele statt für andere aus. Gewiß, die meisten geben nur vage Antworten auf derartige Fragen: »Was verstehen Sie unter sozialer Gerechtigkeit oder Chancengleichheit?« oder: »Welche sozialen und politischen Bedingungen sind nötig, um diese Gerechtigkeit oder diese Gleichheit zu erreichen?« Überdies geben die präzis Antwortenden verschiedene Auskünfte. Nichtsdestoweniger wird in einem bestimmten Land und zu einer bestimmten Zeit eine politische Partei, die mehr auf »sozialer Gerechtigkeit« oder »Chancengleichheit« als etwa auf »Freiheit« besteht, eine andere Politik betreiben und andere Entscheidungen treffen als eine, die der »Freiheit« große Bedeutung einräumt. Diese Wörter sind, wie sie politische Führer und ihre Anhänger gebrauchen und verstehen, zu verschiedenen Zeiten Etiketten für unterschiedliche Ziele und Handlungen. Wer sie benutzt, kann sie zumeist nicht definieren; und selbst wenn man sie definieren und sich auf dieselben Definitionen einigen könnte, ließe sich lediglich aus diesen Definitionen und den Situationen, in denen die Führer ihre Entscheidungen treffen, nicht vorhersagen, welche Entscheidungen es sein werden. Der Gebrauch dieser und nicht anderer Etiketten in einer bestimmten Situation beschränkt dennoch ihre Benutzer auf einen gewissen Spielraum möglicher Entscheidungen.

In einem früheren Kapitel unterschied ich zwei Bedeutungen des Terminus »Gruppeninteresse«. Man verwendet ihn zuweilen, um auf gruppentypische persönliche oder private Ziele zu verweisen, und zuweilen zur Benennung der Bedingungen, die das Verfolgen dieser Ziele begünstigen. Kennen die Angehörigen der Gruppe diese Bedingungen, sind sie gut beraten, zusammenzuarbeiten, um sie nach Möglichkeit herzustellen, oder Führer zu unterstützen, die sie zu erreichen trachten. Doch wie die Welt beschaffen ist, müssen diese Führer, wenn sie etwas erreichen wollen, die Unterstützung anderer Gruppen neben dieser einen erhalten. Wären Führer allwissend, kennten sie die günstigsten Bedingungen zur Erreichung der typischen Ziele sämtlicher sie unterstützender Gruppen, doch in der Praxis besitzen weder sie noch ihre Anhänger dieses Wissen. Deshalb besteht die Ideologie der von ihnen geführten Partei oder Bewegung selten aus Überzeugungen und Theorien, die das Verfolgen der allen Gruppen gemeinsamen Interessen fördern oder rechtfertigen. Die politischen Handlungen der Führer sind keine exakt (oder auch nur grob) berechneten Versuche, die ihren Anhängern gemeinsamen Interessen zu verfolgen; zumindest dann nicht, wenn man unter diesen Interessen die Bedingungen versteht, welche die typischen Ziele der von ihnen geführten Gruppen am meisten begünstigen.

Vielleicht glaubte Pareto, der Wirtschaftswissenschaftler war, ehe er politischer Theoretiker wurde, deshalb so bereitwillig, daß politische Handlungen weniger rational als ökonomische seien. Zweifellos bemerkte er auch, daß Ideologie in der Politik viel bedeutsamer ist als in Handel und Industrie. Daher schloß er, im politischen Bereich dienten Ideologien (oder Ableitungen) nicht dazu, gemeinsame Interessen zu definieren und die Menschen bei ihrer Verfolgung zu leiten, sondern um Führer und Anhänger zusammenzuhalten. Doch das ist nur ein Teil der Wahrheit. Politische Ideologie beeinflußt bei all ihrer Vagheit die Vorstellungen der Menschen von den »gemeinsamen« Interessen ihrer Gruppen und ebenso (wenn auch weniger direkt) ihre privaten Ziele. Selbst wenn es außer der Erringung der Macht kein Ziel gibt, das sämtliche Anhänger einer Partei teilen, üben die Parteiideologie, die von ihren Führern verkündeten Prinzipien und Gedanken und die allgemeineren, zur Rechtfertigung einer Politik verwendeten Argumente beträchtlichen Einfluß sowohl auf die Forderungen, welche die auf Begünstigungen bedachten Gruppen an die Partei richten, wie auch auf persönliche Bestrebungen aus. Diese Forderungen und diese Bestrebungen sind häufig sehr klar umrissen. Innerhalb der Partei gibt es viele und unterschiedliche Tätigkeiten im Hinblick auf klare und realistische Ziele, die nicht von der ganzen Partei gebilligt und doch beträchtlich von ihrer Ideologie beeinflußt sind. Auch ist das Verfolgen dieser Ziele notwendig um so weniger rational, je widersprüchlicher und unrealistischer die sie beeinflussende Ideologie ist. Denn Ideologie bildet nur einen unter meheren Einflüssen auf menschliches Verhalten, und ob dieses Verhalten rational ist, hängt davon ab, ob es sich vernünftig auf klare und realistische Ziele ausrichtet – und das kann es unabhängig davon, wie dürftig die intellektuelle Beschaffenheit der es teilweise beeinflussenden Ideologie ist.

In einer Demokratie, deren unintelligentester Bürger so intelligent wie Pareto wäre, könnte man noch immer mit vagen politischen Ideologien und Anhängern einer Partei rechnen, die außer dem Wunsch nach guten Wahlergebnissen für die

Partei wenige gemeinsame Ziele haben. Es wäre unvernünftig, mehr zu erwarten, zumal wenn die Demokratie so groß wie Italien wäre und ihre Bürger so viel Freiheit genössen, wie sie sich Pareto wünschte.

Das Ausnützen von Ideologie

Der reine Machiavellist, der die Leidenschaften, Bedürfnisse und Überzeugungen anderer rücksichtslos für seine eigenen Zwecke ausnützt, existiert nicht. Doch sämtliche erfolgreichen Führer haben etwas Machiavellistisches an sich, sogar die wenigen Heiligen unter ihnen. Ausnützen ist nicht allemal selbstsüchtig. Der Führer, der etwas anstrebt, das er ehrlich für wünschenswert hält, beschränkt sich nicht immer auf rationale Argumentationen; zuweilen sucht er die Menschen zu dem von ihm Gewünschten durch Argumente zu bringen, die er selber nicht stichhaltig findet. Wer Überzeugungen ausnützt, kann sie hegen oder auch nicht, wenngleich er es gewöhnlich tut. Sein Ausnützen von Überzeugungen besteht darin, daß er sie verwendet, um andere zu dem von ihm Gewünschten zu bringen, obwohl er sie für logisch unrichtig hält oder halten müßte, wenn er sich die Zeit nähme, darüber nachzudenken. Es geht ihm ums Überreden und wenig oder nicht um die Stichhaltigkeit der von ihm verwendeten Argumentation. Ja, zuweilen möchte er andere nicht überreden, sondern sie in die Klemme, in eine Situation bringen, in der sie keinen Widerspruch oder keinen Widerstand gegen seine Forderungen wagen oder es nicht wagen können, ohne sich zu ruinieren. Stalin genoß es, seine Gegner derart zu behandeln; er wollte sie demütigen oder vernichten, nicht sie überzeugen. Das Ausnützen von Überzeugungen ereignet sich in vielen Situationen, und die ausgenützten Überzeugungen sind häufig nicht ideologisch. Dennoch bieten sich ideologische Überzeugungen mehr als andere der systematischen Ausnützung im großen Maßstab an. Was man in unserer Zeit als »ideologische Kriegsführung« kennengelernt hat, ist in hohem Grad systematische Ausnützung von Überzeugungen; und dies nirgendwo mehr und nirgendwo rücksichtsloser als innerhalb einer organisierten Gruppe, einer Partei oder Kirche oder einer Gemeinschaft, deren Führer sich einen komplizierten und sorgsam formulierten Komplex von Lehren zu eigen machen. Einige dieser Lehren können so dunkel sein, daß niemand weiß, was ihr Anhänger eigentlich zu glauben hat, und dennoch wendet man vielleicht enorme Kunst und Mühe an ihre Formulierung. Die Lehren können unverständlich sein, trotzdem mag derjenige viel erreichen, der eine Auseinandersetzung darüber gewinnt, wie sie formuliert werden soll, und der Streit erfordert möglicherweise erhebliche Intelligenz, Selbstbeherrschung und Courage.

Zu Voltaires Zeiten redeten die Feinde der römischen Kirche gelegentlich so von ihr, als sei sie eine zynische Verschwörung zur Ausnützung von Unwissenheit und Leichtgläubigkeit. Sie lehre, so hieß es, Überzeugungen, die viele ihrer Priester, zumal die in der Hierarchie hochstehenden, selber nicht hegten, obwohl die das Gegenteil versicherten. Diese Überzeugungen förderten Hoffnungen und Ängste, die die Kirche ausnützen könne, um sich zu bereichern und ihre Macht zu erhalten. Dieser Angriff gegen die Kirche blieb nicht auf Ungläubige beschränkt; auch Christen führten ihn und beschuldigten die Priester, ihre Autorität dadurch zu mißbrauchen, daß sie Überzeugungen lehrten, die keinen Bestandteil des Glaubens bildeten. Derartige Angriffe gegen organisierte Lehrinstitutionen gibt es seit langem und in vielen Formen. Die Angreifer bezweifeln nicht immer die Aufrichtigkeit der von ihnen angegriffenen Priester und anderer Lehrer, bezichtigen sie aber, sich ebenso um die Erlangung von Macht wie um die Verkündigung von Überzeugungen zu kümmern, die sie für wahr und wichtig halten.

Implizit ist diesen Angriffen eine Unterscheidung zwischen zwei Tätigkeitsarten, die deshalb, weil sie beide Formen des Lehrens sind, vieles miteinander gemein haben. Ich werde die eine »Instruktion« und die andere »Indoktrination« nennen. Die Vermittlung allgemein nützlicher Kenntnisse (wie Lesen und Schreiben) oder in bestimmten Beschäftigungen und Tätigkeiten brauchbarer Fertigkeiten, die Vermittlung ähnlich nutzvoller Fakteninformationen, die Deutung von Theorien oder historische Erklärungen, die als vorläufig erkannt werden (und nur solange akzeptabel sind, wie sie der kritischen Prüfung, zumal durch Experten, standhalten), der Unterricht, wie allgemein beobachtete Regeln einzuhalten sind: das alles ist »Instruktion«. »Indoktrination« ist das Lehren von Überzeugungen (die der Lehrer teilt oder nicht), nicht, damit die Menschen ihre gesellschaftlichen Rollen und Beschäftigungen oder selbstgewählte Tätigkeiten richtig ausführen oder daß sie die von der Gesellschaft gebotene Chancen ergreifen oder daß sie sich nach den in der Gemeinschaft oder ihren Kreisen gültigen Normen halbwegs anständig benehmen, damit sie vielmehr derart denken und sich verhalten, wie es der Lehrer für wünschenswert oder seinen eigenen Zwecken dienlich erachtet.

Ich weiß, daß ich bestenfalls eine grobe Unterscheidung getroffen habe, hoffe aber, sie werde für meinen Zweck ausreichen. Gelegentlich ist es so gut wie unmöglich zu entscheiden, ob ein Lehrer (oder ein Propagandist oder ein Informant) instruiert oder indoktriniert. Mancher könnte sagen, gewissen Formen der Instruktion sei unvermeidlich ein Element der Indoktrination beigemischt, wenn man die beiden so definiere, wie ich es tat. Lehrt nicht, wer die Menschen unterweist, allgemein beachtete Regeln einzuhalten, sie gleichzeitig, sich so zu verhalten, wie er es für wünschenswert hält? Zweifellos tut er das oft, doch nicht immer. Jemanden darauf vorzubereiten, wie er sich als Nachbar erträglich verhält, ist eine Sache; eine andere ist der Versuch, ihn zu dem Menschen zu machen, der er nach der Meinung des Lehrers sein sollte. Die erste Tätigkeit geht leicht in die andere über, und es ist oft unmöglich, sie auseinanderzuhalten. Meine Absicht jedenfalls läuft nur auf eine grobe, wenn auch wichtige Unterscheidung zwischen den beiden Tätigkeiten hinaus – beide Formen des Lehrens im weit gefaßten Sinn dieses Worts –, deren eine darauf abzielt, die Menschen auf die Rollen, Beschäftigungen und Gelegenheiten vorzubereiten, die ihnen zufallen oder die sie wählen, während die andere sie dazu bringt, so gut zu denken, zu fühlen oder zu handeln, wie es der Lehrer für gut oder seinen Absichten dienlich hält.

Die Indoktrination an sich ist noch kein Ausnützen von Überzeugungen. Der Indoktrinierende kann die von ihm vermittelten Lehren für wahr halten und wünschen, daß andere sie wegen ihrer Wahrheit annehmen, oder er wünscht die Anerkennung von Regeln, die ihm als richtig erscheinen. Zweifellos will er, daß man nach den Überzeugungen handelt und sich an die Regeln hält; er möchte einen Zustand bewirken oder erhalten, in dem die Menschen nach diesen Überzeugungen handeln und sich an diese Regeln halten. Er kann sogar zuweilen Argumente benutzen, die ihn selber nicht überzeugen, um Menschen zur Annahme der von ihm gebilligten Überzeugungen und Regeln zu veranlassen; er muß also kein völlig unredlicher Verführer sein. Dennoch nützt er, soweit es sich um seine eigenen Ziele handelt, soweit er andere zur Annahme des von ihm selber Angenommenen bringen möchte, noch keine Überzeugungen aus; er ist nur ein Indoktrinator. Versucht er jedoch, Menschen zur Annahme (oder zur scheinbaren Annahme) von Überzeugungen aus Gründen zu bringen, die er ihnen nicht enthüllt, auch aus solchen, die sie später billigen werden, nützt er Überzeugungen aus. Er will mehr, als Menschen zur Annahme des von ihm für wahr oder richtig Gehaltenen veranlassen, denn er hat ein verborgenes Motiv. Dieses und nicht sein mangelnder Glaube an das Gelehrte (denn er kann, wie sich zeigte, auch daran glauben) macht das Ausnützen aus. Er nützt aus, so gut seine heimlichen Motive auch sein mögen.

Das Ausnützen von Überzeugungen ist nichts Neues. Noch blieb es bis in neueste Zeiten unbemerkt; allenthalben in den Schriften politischer Philosophen und von Historikern finden sich Hinweise darauf. Doch mit der Ausbreitung der Bildung wurde es systematischer, wirkungsvoller und erfinderischer als ehedem, auch kühner und ehrgeiziger, wenn nicht zynischer. Die Priester, die vor zwei Jahrhunderten von Philosophen der Ausnützung von Religion beschuldigt wurden, hatten es mit jahrhundertelang gängigen Überzeugungen zu tun. Ihr Stammkapital war aus der Vergangenheit ererbt; und sie konnten ihm wenig hinzufügen. Ihre philosophischen Ankläger sprachen über das Christentum nicht viel anders, als Lukrez in *De rerum natura* über frühere Religionen gesprochen hatte. Es bestand (in ihren Augen) aus Überzeugungen, die noch aus der Kindheit der Rasse stammten und die mit der Verbreitung von Wissen und Bildung verschwinden mußten.

Von den Priestern meinte man, sie kämpften eine verlorene Schlacht gegen die Vernunft. Selbst die dem Christentum gewogenen Autoren, die es für eine Stütze der Moral hielten, betrachteten es als einen bewahrenswerten, noch nicht weiter ergänzbaren Weisheitsschatz. Feinde wie Freunde des Christentums meinten von seinen Lehren, sie seien so gut wie unverändert von einer Generation auf die andere gekommen. Den Feinden war es eine uralte Bürde, die es endlich den Menschen von den Schultern zu nehmen galt, und den Freunden ein immerwährend nutzbarer Schatz. Machiavelli, dessen Vorstellung von Religion in gewisser Weise sehr unserem Verständnis von Ideologie glich, der die Stifter einiger älterer Religionen wegen einer nach seiner Meinung wesentlich politischen Weisheit rühmte, sprach von ihrem Geschenk für die Menschen als von etwas, das ehrfürchtig zu hüten und so rein zu bewahren sei wie ihre fundamentalen Gesetze.

Machiavelli glaubte, daß jeder Herrscher, der etwas tauge, keine Scheu hätte, Lügen zu veröffentlichen und die Wahrheit zu unterdrücken, falls ihm dies bei der Verwirklichung seiner Ziele half. Die Verbreitung falscher und richtiger Meinungen sei längst als eine der wesentlichen Regierungskünste anerkannt. Der Herrscher komme ums Lügen nicht herum, aber er sollte im eigenen Interesse wie in dem des Landes, ein kluger und geschickter Lügner sein. Er solle so gut wie möglich seinen Ruf als wahrhaftiger Mensch hüten. Er müsse das Volk durch gewandte Behandlung der Wahrheit zu den Überzeugungen bringen, die es seiner Meinung nach haben sollte, und er dürfe nur dann zu Lügen greifen, wenn er nicht anders etwas wirklich Erstrebenswertes erlangen könne.

Diese Politik des Lügens und der geschickten Behandlung von Wahrheit nützt zwar Überzeugungen aus, muß aber noch kein Ausnützen von Ideologie sein; denn die ausgenützten Überzeugungen sind vielleicht nicht ideologisch; sie brauchen keine Überzeugungskomplexe zu bilden, an die sich Menschen in bestimmten Arten von Situationen halten, noch müssen sie Verhaltensarten fördern oder hemmen, noch typische Empfindungen und Haltungen ausdrücken. Die Veröffentlichung richtiger oder falscher Informationen oder die Ausbreitung von Gerüchten verfolgt natürlich die Absicht, Überzeugungen zu schaffen; doch solange diese nicht ideologisch sind, ist ihre Verbreitung, unbeschadet der dahinterstehenden Absichten, kein Ausnützen von Ideologie.*

Machiavelli, der als erster der großen politischen Autoren das Ausnützen von Überzeugungen berücksichtigte und empfahl, hatte nur den berechneten Gebrauch oder Mißbrauch von Information im Sinn. Über die politischen Anwendungen von Ideologie wußte er nichts zu sagen. Natürlich hatte er Erhebliches über die Nützlichkeit religiöser Überzeugungen und Praktiken zu äußern, doch er verstand sie eher als Dinge, die eher der Erhaltung gesellschaftlicher Bindungen und als Stütze der Moral dienten, als daß sie sich zur Erlangung von Macht oder zur Förderung der Politik ausnützen ließen; der Stifter einer Religion, so erklärte Machiavelli, sei noch mehr zu bewundern als der Gründer eines Staats, falls die Religion gemeinschaftserhaltende Bande und Motive stärke; doch die Einrichtung der Religion gleicht nach seinem Verständnis eher der Erziehung denn dem Gebrauch von Ideologie als eines politischen Instruments.

Vor allem die Französische Revolution machte den politischen Theoretikern deutlich, daß sich Ideologie (auch wenn man sie noch nicht unter diesem Namen kannte) bewußt zur Erlangung von Macht oder für andere politische Zwecke einsetzen läßt. So erkannten es etwa Edmund Burke und Benjamin Constant. Burke lieferte in seinem Angriff auf die französischen Revolutionäre eine kunstreiche Verteidigung dessen, was er »Vorurteil« nannte. Vorurteile sind nach seinem Verständnis weithin akzeptierte und lange bestehende Überzeugungen, die eine Gesellschaft zusammenhalten; die meisten übernähmen sie unbefragt, und ebendies erfordere die Erhaltung der Gesellschaftsordnung. Diese Überzeugungen ließen sich rechtfertigen, da sie Früchte der Erfahrung seien;

* Zuweilen werden an sich nicht ideologische Überzeugungen bereitwilliger von Menschen mit einer bestimmten Ideologie als von anderen akzeptiert; etwa eher von Katholiken oder Kommunisten als von Protestanten oder Liberalen. Vom Verbreiter solcher Überzeugungen läßt sich vielleicht sagen, er nütze eine Ideologie aus, falls sein Motiv für die Verbreitung teilweise in der sicheren Meinung besteht, die Überzeugungen kämen bei Menschen mit jener Ideologie gut an.

sie umfaßten die praktische Vernunft der Gemeinschaft und würden von Generation zu Generation weitergegeben, so daß die spätere sie nicht mühsam unmittelbar aus der Erfahrung lernen müsse, sondern sie auf Treu und Glauben annehmen könne. Diese Überzeugungen bildeten zwar ein folgerichtiges System, seien aber keine Erzeugnisse bewußter Theoriebildung, und das eigentliche Geschäft des Theoretikers bestehe darin, sie zu erklären und zu rechtfertigen, nicht aber in dem anmaßenden Versuch, sie durch etwas Besseres zu ersetzen. Die französischen Revolutionäre dagegen verwendeten absichtlich Theorien, um diese gesunden Überzeugungen zu unterminieren und damit ihren Ehrgeiz auf eine Umformung Frankreichs zu verwirklichen. Mit anderen Worten: Sie nützten Ideologie aus. Obwohl Constant den Revolutionären weniger feindlich gesinnt war als Burke (vielleicht weil er Frankreich besser kannte), beschuldigte er sie, die attraktiven, aber unrealistischen Lehren Rousseaus zu verwenden, um sich ihrem Land aufzudrängen.
Die Vorurteile, wie sie Burke verteidigte, sind natürlich ideologische Überzeugungen im weiten Sinn des Worts; sie dienen dazu, Verhaltensarten zu fördern und zu hemmen, und sie drücken typische Empfindungen und Haltungen aus. Aber sie sind, wie er sie verstand, nicht absichtlich auf diese Zwecke hin erzeugt; sie bilden keine Theorien, und ihre Verwendung bedeutet kein Ausnützen von Ideologie. Die französischen Revolutionäre dagegen benützten absichtlich ihre Theorien und Lehren, um Macht zu erlangen und behalten und ihre eigenen Ziele zu erreichen; sie benützten sie bewußt für politische Zwecke. Diese Art politischen Ausnützens von Ideologie ist zwar keineswegs auf die beiden letzten Jahrhunderte beschränkt, war aber in dieser Periode weiter verbreitet und massiver und wurde deshalb viel häufiger bemerkt. Burke und Constant hätten bei entsprechend scharfem Zusehen zahlreiche frühere Beispiele dessen finden können, was sie im revolutionären Frankreich bedauerten, doch kaum in solchem Maßstab und in solch bewußter Anwendung. Was sie beklagten, galt bald als selbstverständlich, als eine in großen und fortgeschrittenen Gesellschaften unvermeidliche Tätigkeit, die entweder schaden oder nützen kann. Sie unterschiedslos abzulehnen war absurd; eher kam es darauf an, sie zu verste-

hen und sie zu verhindern oder zu bekämpfen, wenn sie schädlich war. Als Sozial- und politische Theoretiker den politischen Gebrauch von Ideologie näher betrachteten, wurden ihre Vorstellungen davon aufgeklärter und realistischer.

Marx folgte dem Beispiel früherer Sozialisten und sagte von den Lehren der französischen Revolutionäre, sie dienten den Interessen einer Klasse: des Bürgertums. Er nannte sie eine Klassenideologie. Tatsächlich waren sie sowohl mehr wie weniger als das. Ihr Appell beschränkte sich nicht auf die vielen gesellschaftlichen Kategorien, denen in Frankreich die Bezeichnung »bourgeois« zukam, und häufig verwendeten sie kleine Gruppen Ehrgeiziger zur Unterstützung einer Politik, die das Bürgertum erschreckte und deren Verwirklichung seine Interessen geschädigt hätte. Selbst Sozialisten benutzten sie, um dem ein Ende zu bereiten, was sie bürgerliche Gesellschaft nannten. Daher ist es ernstlich irreführend, diese Lehren »bürgerliche Ideologie« zu nennen, obwohl sie die Bürger ansprachen und zuweilen erfolgreich deren Interessen förderten. Und dennoch verdient die »bürgerliche Ideologie« ihren Namen wesentlich eher als das von den Marxisten »proletarische Ideologie« (um ihr die von ihnen gelegentlich bevorzugte Bezeichnung zu geben) oder »proletarisches Bewußtsein« Genannte. Denn es finden sich allenthalben nur wenige Belege dafür, daß sich die Arbeiter, allgemein genommen, viel um die Lehren und Gesinnungen gekümmert hätten, die Marxisten im Sinn haben, wenn sie von proletarischem Bewußtsein sprechen. Falls es doch so scheint, dann in Ländern, wo die Lehren autoritär propagiert werden und es gefährlich ist, sie abzulehnen.

Die mächtigste derzeitige Ideologie, der Kommunismus, der Lenin so viel wie Marx verdankt, ist ersichtlich keine Klassenideologie. Er ist näher daran, eine Ideologie der *déclassés* zu sein, die aus diesem oder jenem Grund die bestehende Ordnung hassen lernten, oder die Ideologie einer herrschenden Partei, die allen sozialen Gruppen ihre Entscheidungen aufzwingt. In Rußland begann er als das erstere und wurde dann zum zweiten; im Westen ist er noch vorwiegend das erstere, selbst in Frankreich und Italien, wo Millionen von Arbeitern und Bauern kommunistisch wählen. Diese Arbeiter und Bauern sind natürlich keine *déclassés,* doch häufig sind es ihre

Führer; und ebendiese, nicht ihre Anhänger, nehmen die Ideologie ernst. Es ist zweifelhaft, ob viele kommunistische Wähler des Westens die Ideologie ihrer Führer auch nur in dem Grad »teilen«, wie Christen den Glauben ihrer Priester »teilen«; es ist zweifelhaft, ob sie gar Lehren zustimmen, die sie größtenteils nicht verstehen. In westlichen Ländern ist die kommunistische Stimmabgabe weithin ein Protest und sowohl Führern wie Wählern als solcher bewußt.

Außerhalb des Westens erlangten die Kommunisten in Ländern Macht, wo die erhebliche Mehrheit der Bevölkerung fast nichts über ihre Ideologie weiß. Um Macht zu gewinnen, mußten sie natürlich populäre Überzeugungen ausnützen, doch diese Überzeugungen bildeten keinen Bestandteil ihres eigenen Credo. Abgesehen vom Westen, wo sie nicht an die Macht gekommen sind, verbreiteten sie ihre Lehren erst nach dem Machtgewinn extensiv. Ohne Zweifel glauben sie – viele von ihnen – an diese Lehren und möchten eine Gesellschaft schaffen, in der sie angewandt werden. Doch ebenso propagieren sie die Lehren in der Annahme, sie könnten nicht lange an der Macht bleiben, wenn ihre Lehren nicht weithin akzeptiert seien. Und sie meinen, eine geeinte Partei bilden zu müssen, falls sie Macht erlangen und behalten wollten, und sie müßten, um eine geeinte Partei zu sein, auch ein gemeinsames Credo haben.

Heute sind die Lehren der kommunistischen Partei weit mehr die Ideologie einer Elite als einer Klasse. Das geht vor allem auf Lenin zurück. Obwohl er den Marxismus als die Theorie des organisierten und klassenbewußten Proletariats begriff (eine Vorstellung in Übereinstimmung mit Marx' eigenem Konzept von der Rolle der Theorie in der Bewegung der Arbeiterklasse), verstand er ihn auch als das Credo einer militanten und hochdisziplinierten Partei. Diesen zweiten Gedanken übernahm er nicht von Marx. Zeifellos meinte Marx, die Arbeiter müßten organisiert und gegen ihre »Klassenfeind« geeint sein, und er dachte auch, Theorien wie seine eigene hülfen ihnen, die Situation und die Interessen ihrer Klasse zu verstehen. Doch nie stellte er sich die Klasse als geführt von einer streng organisierten Partei vor, eingeschworen auf ein Lehrgebäude, das einzig die Partei interpretieren und revidieren kann. Er konzipierte niemals eine Partei, die alle anderen Gruppen der »Arbeiterklasse« und schließlich alle organisierten Gruppen jeder Größe in der von ihr beherrschten Gemeinschaft kontrolliert. Daß Ideologie dazu verwendet werden könne, eine große Partei dicht geschlossen zu halten, die Ausschaltung ihrer sämtlichen Rivalen zu rechtfertigen und ihren Willen dem Volk ganz allgemein aufzuzwingen: dieser Gedanke ist nicht marxistisch, sondern leninistisch. Er kam Lenin nicht plötzlich; er entwickelte ihn allmählich, als er seine Chancen ergriff und erklärte, das zu Recht zu tun.

Dieser Leninsche Gedanke, der nicht von Marx stammt, kommt auch nicht von Pareto her. Dennoch steht er in gewisser Weise Paretos Vorstellung von »Eliten« und »Ableitungen« näher als allem, was sich in den Schriften Marx' findet. Pareto verwendete den Terminus »Elite« in einer weiten Bedeutung, um eine beliebige, irgendwie ausgezeichnete Gruppe oder Kategorie von Personen zu bezeichnen. In diesem Sinn sind Hitler und seine Unterführer ebenso eine »Elite« wie die Mitglieder der Royal Society. Männer und Frauen, die das Mißfallen an der bestehenden Ordnung und der Wunsch zusammenführte, sie zu vernichten und dabei Macht zu erlangen, und die ihre Absichten verwirklichen, bilden eine Elite. Die Lehren, die sie zur Rechtfertigung ihrer Bemühungen und zur Gewinnung von Unterstützung verwenden, sind ihre »Ableitungen«, die es ihnen gestatten, ihre Absichten auszuführen. Natürlich sprach Lenin nicht so vom Marxismus wie Pareto von Ableitungen; er sprach darüber und über seine Bedeutung für die Arbeiter, wie man es von einem Marxisten erwarten konnte. Dennoch stimmt seine tatäschliche Anwendung des Marxismus in Kontroversen mit anderen Marxisten, bei der Organisation der Partei, in der Durchführung der bolschewistischen Revolution, bei der Konsolidierung der Parteimacht nach der Revolution mehr mit Paretos Darstellung von Eliten und Ableitungen überein als mit Marx' Gedanken über Klassen und Klassenbewußtsein.

Keiner hat Ideologie erfolgreicher ausgenützt als Lenin. Er war glühend von den Lehren überzeugt, die er ausnützte, aber ein Gläubiger mit einem Einschlag von Zynismus. Es kann sein, daß es eines gläubigen Zynikers bedarf, sollen Überzeugungen wirklich ausgenützt werden. Der perfekte

Zyniker empfindet die Macht der Überzeugung, die er ausnützt, zu wenig, um sie so einfallsreich wie kühn zu nützen und zu prüfen, was sich mit ihnen anfangen läßt. Der echte, vom Zynismus unberührte Gläubige dürfte wohl zu langsam sein, um seine Chancen zu ergreifen. Der bloße Verfechter der Orthodoxie ist nicht eigentlich ein Mensch von Ideen; er ist ein Gewohnheitswesen. Er kann in unvorhergesehenen Umständen keinen kühnen Gebrauch von Ideologie machen; er steckt in ihr wie in einem schweren Panzer. Darin ist er sicher, solange an der intellektuellen Front alles ruhig bleibt, doch er fühlt die Last, wenn ihm keine andere Wahl bleibt, als sich darin zu bewegen.

Ein großer Vorteil des Marxismus als Ideologie besteht darin, daß er sich als eine sich entwickelnde Theorie darstellt. Seine Kenner betrachten ihn nicht als ein Gefüge unveränderlicher Lehren. Er besitze, so heißt es, Implikationen, die sich erst im Licht der Erfahrung jener entdecken lassen, die ihn akzeptieren und nach ihm zu handeln suchen. Die Erfahrung überzeuge in erster Linie von ihm, denn er gewinne der Erfahrung mehr Sinn ab als jede andere Denkweise, und doch lerne man weiter aus Erfahrung, wenn man ihn akzeptiert habe. Man begreife in einer tieferen Schicht die Lehre der Erfahrung, weil man die Theorie akzeptiert habe, und die Erfahrung vertiefe das Verständnis der Theorie. So stehen menschliche Erfahrung und die ihr Wesen erfassende Theorie in einem dialektischen Verhältnis zueinander. Sie beeinflussen sich nicht nur, sondern bereichern sich. Theorie verleiht der Erfahrung Bedeutung, und Erfahrung gibt der Theorie Leben. Die Erfahrung ist natürlich eine gesellschaftliche Erfahrung und die Theorie eine gemeinsame. Die Entwicklung des Marxismus (oder Marxismus-Leninismus) ist nach dieser Betrachtungsweise kein Fortschritt, wie er sich in den Wissenschaften findet, wo Forscher einzeln oder in Teams ihre getrennten und fachkundigen Beiträge zu einem gemeinsamen und wachsenden Wissensvorrat liefern. Marxisten verstehen sich so, daß sie zur Förderung derselben Dinge zusammenarbeiten und dieselben Überzeugungen teilen. Gerade die Erfahrung, die sie als Zusammenarbeitende und Glaubensgenossen erlangen, vertieft ihr Verständnis für menschliche und gesellschaftliche Angelegenheiten; sie vertieft es in dem Maß, wie die Theorie, die es ermöglicht, reicher wird. Man hat hier eine Ehe zweier Prinzipien: Theorie entwickelt sich im Licht der Erfahrung, und die wirklich erhellende Erfahrung wird nur denjenigen zuteil, die deshalb für eine gute Sache zusammenarbeiten, weil sie die Theorie akzeptieren. Das ist eine unbequeme Ehe, aber sie bringt außergewöhnliche Ergebnisse hervor.

Ich sprach von den Kommunisten, die als Schüler Lenins behaupten, auch Marx-Schüler zu sein, weil sie in unserem Zeitalter am rücksichtslosesten Ideologie ausgenützt haben. Aber es gibt auch andere Beispiele. Ideologie wird in unserer Epoche zu wenigstens vier Zwecken ausgenützt. Man verwendet sie, um eine disziplinierte Gruppe zusammenzubringen und -zuhalten, die rasch wechselnde Umstände nutzen und dadurch Macht erlangen kann. Man benutzt sie, um die Menschen zu großen Opfern für Dinge zu veranlassen, die ihren Führern mehr bedeuten als ihnen selber. Man wendet sie an, um die Macht einer Regierung oder einer anderen organisierten Körperschaft außerhalb des Landes zu erweitern, in dem sie bereits herrscht. Und man verwendet sie innerhalb einer Partei oder einer anderen Organisation, um die Kontrolle darüber zu erlangen oder zu behalten. Das sind nicht die einzigen, nicht einmal die einzigen politischen Verwendungen, die man von Ideologie macht, doch vielleicht die wichtigsten. Diese Verwendungsweisen behindern sich häufig gegenseitig. An die Macht zu gelangen ist etwas anderes, als sie zu erhalten und zur Erreichung höherer Ziele zu nutzen. Wer Ideologie ausnützt, um an die Macht zu kommen, tut es oft so, daß es ihm unmöglich wird, die Ziele zu verwirklichen, für die er ursprünglich Macht haben wollte. Man erhält neue Ziele und redet sich ein, es seien noch die alten, weil man zu ihrer Beschreibung die alten Wörter gebraucht. Gelegentlich beeinflußt die Anwendung einer Ideologie in einem Teil der Welt sie so, daß es schwieriger wird, sie anderswo zu nutzen. Zuweilen schwächt auch das Ausnützen einer Ideologie innerhalb einer Partei durch die um ihre Kontrolle wetteifernden Gruppen die Überzeugungskraft der Ideologie für Außenstehende. Man braucht nur zu betrachten, was die Kommunisten in den letzten fünfzig Jahren erreichten und was sie nicht erreichten, um zu sehen, wie die eine Anwendung von Ideologie einer anderen im Wege stehen kann.

Will man politisches Verhalten verstehen, tut man gut daran, Ideologien und den Gebrauch zu studieren, der von ihnen gemacht wird. Denn dieses Studium führt einen ebenso nahe an die politische Realität heran wie die Untersuchung von Gruppeninteressen und deren Verwirklichungen. Zugegebenermaßen wissen die Menschen oft nicht so recht, was sie glauben, und ihre Überzeugungen widersprechen sich; doch schließlich kennen sie auch häufig ihre Interessen nicht. Der Mensch, das ideologische Lebewesen, ist nicht weniger rational als der Mensch, der seine Interessen verfolgt. Das Ausnützen von Ideologie für politische Zwecke ist schwierig und heikel. Es ist ein Spiel, das kaum jemand lange erfolgreich betreibt. Überdies kann es ein ebenso gefährliches wie schwieriges Spiel sein. Alles hängt davon ab, wie der Kampf um die Macht geführt wird. Vielleicht ist es falsch, mit Pareto anzunehmen, daß in diesem Spiel die Zuschauer, die Massen vorwiegend die betrogenen Opfer der Spieler, der Eliten, sind. Wo das Spiel für die Zuschauer gefährlich ist, bedroht es gewöhnlich die Spieler noch mehr. Und gewiß sind gerade die Schwätzer die vom Geschwätz Betrogenen; denn sie übernehmen nicht nur das ganze Schwätzen, sondern ebenso den größten Teil des Zuhörens.

BIBLIOGRAPHIE

Adorno, Theodor W.: »Das Bewußtsein der Wissenssoziologie«. In: *Prismen*. Frankfurt 1955
Ders.: Jargon der Eigentlichkeit. Frankfurt 1967
Ders. und Horkheimer, Max: *Soziologische Exkurse*. (Frankfurter Beiträge zur Soziologie 4). Frankfurt
Aiken, Henry D.: *The Age of Ideology*. New York 1956
Apter, David E.: *Ideology and Discontent*. Glencoe 1964
Barion, Jakob: *Was ist Ideologie?* Bonn 1964
Ders.: *Ideologie, Wissenschaft, Philosophie*. Bonn 1966
Barth, Hans: *Masse und Mythos*. Hamburg 1959
Ders.: *Wahrheit und Ideologie*. Zürich ²1961
Birnbaum, Norman: *The Sociological Study of Ideology, 1940–60; a Trend Report and Bibliography*. Oxford 1962
Boveri, Margret: *Der Verrat im XX. Jahrhundert*. Bd. 1: *Zwischen den Ideologien*. Hamburg 1957
Brunner, Otto: »Das Zeitalter der Ideologien.« In: *Neue Wege der Sozialgeschichte*. Göttingen 1956
Burisch, Wolfram: *Ideologie und Sachzwang*. Phil. Diss. Tübingen 1967
Cailliet, Emile: »La tradition littéraire des idéologues.« In: *Memoirs of the American Philosophical Society XIX*. Philadelphia 1943
Condorcet, Marie Jean Antoine Nicolas Caritat de: *Esquisse d'un tableau historique des progrès de l'esprit humain. Entwurf einer historischen Darstellung der Fortschritte des menschlichen Geistes*. Zweisprachig. Frankfurt 1963
Emge, Carl August: *Das Wesen der Ideologie*. Wiesbaden 1961
Falk, Heinrich: *Die ideologischen Grundlagen des Kommunismus*. München ³1962
Fetscher Iring: *Von Marx zur Sowjetideologie*. Frankfurt ⁴1959
Ders. (Hrsg.): *Der Marxismus. Seine Geschichte in Dokumenten*. 3 Bde. München 1962–1965
Freud, Sigmund: *Massenpsychologie und Ich-Analyse*. Frankfurt 1967
Ders.: *Das Unbehagen in der Kultur*. Frankfurt 1953
Ders.: *Vorlesungen zur Einführung in die Psychoanalyse. Und Neue Folge*. Frankfurt 1969. (Zumal 35. Vorlesung)
Freund Julien: »Das Utopische in den gegenwärtigen Ideologien.« In: *Säkularisation und Utopie. Festschrift für E. Forsthoff*. Stuttgart 1967

Freyer, Hans: *Theorie des gegenwärtigen Zeitalters.* Stuttgart 1955
Ders.: *Soziologie als Wirklichkeitswissenschaft.* Leipzig/Berlin 1930
Gabel, Joseph: *Ideologie und Schizophrenie.* Frankfurt 1964
Gadamer, Hans-Georg: *Wahrheit und Methode.* Tübingen 1961
Geerzt, Clifford: »Ideology as a Cultural System.« *Ideology and Discontent* (hrsg. von D. E. Apter). Glencoe 1964
Geiger, Theodor: *Ideologie und Wirklichkeit.* Stuttgart 1953
Ders.: *Arbeiten zur Soziologie.* Neuwied 1962
Habermas, Jürgen: *Technik und Wissenschaft als »Ideologie«.* Frankfurt 1968
Ders.: *Theorie und Praxis.* Neuwied 1963
Hegel, Georg Wilhelm Friedrich: *Phänomenologie des Geistes.* Frankfurt/Berlin/Wien 1970
Hersch, Jeanne: *Die Ideologien und die Wirklichkeit.* München 1957
Hölzle, Erwin: *Idee und Ideologie.* Bern/München 1969. (Mit ausführlichen Literaturangaben in den Anmerkungen)
Hofmann, Werner: *Universität, Ideologie und Gesellschaft.* Frankfurt 1968
Ders.: *Gesellschaftslehre und Ordnungsmacht.* Berlin 1961
Horkheimer, Max: »Ideologie und Wertgebung.« *Soziologische Forschung. Festschrift für L.V. Wiese.* Köln/Opladen 1951
Ders.: »Ideologie und Handeln.« *Sociologica II.* Frankfurt 1962
Ders. und Adorno, Theodor W.: *Dialektik der Aufklärung.* Amsterdam 1947
Johnson, Harry: »Ideology and the Social System.« *International Encyclopaedia of the Social Sciences*, No. 7
Kant, Immanuel: *Kritik der reinen Vernunft. Sämtliche Werke,* Bd. 1 Leipzig 1922
Kelsen, Hans: *Aufsätze zur Ideologiekritik.* Neuwied 1964
Kolakowski, Leszek: *Der Mensch ohne Alternative.* München 1960
LeBon, Gustave: *Psychologie der Massen.* Stuttgart 1968
Lemberg, Eugen: *Ideologie und Gesellschaft.* Stuttgart 1971
Lenin, Wladimir Iljitsch: *Werke.* Nach der 4. russ. Ausg. Bd 1 ff. Berlin 1956 ff.
Lenk, Kurt: (Hrsg.) *Ideologie, Ideologiekritik und Wissenssoziologie.* Neuwied [3]1967. (Kommentierte Textsammlung mit Bibliographie)
Lieber, Hans Joachim: *Philosophie — Soziologie — Gesellschaft.* Berlin 1965
Lukács, Georg: *Schriften zur Ideologie und Politik.* Neuwied 1964
Ders.: *Geschichte und Klassenbewußtsein.* Berlin 1968
MacRae, Donald G.: *Ideology and Society.* London 1961

Mannheim, Karl: *Ideologie und Utopie.* Frankfurt [4]1965.
Marcuse, Herbert: *Der eindimensionale Mensch.* Neuwied 1967
Marx, Karl, und Engels, Friedrich: *Werke.* Bd. 1 ff. Berlin 1956 ff.
Merton, Robert K.: *Social Theory and Social Structure.* Glencoe 1957. (Bes. Teil 3: The Sociology of Knowledge; und Teil 4: Studies in the Sociology of Science)
Moser, Simon: »Mythos, Utopie, Ideologie.« *Zeitschrift für philosophische Forschung 1958*
Oglesby, Carl, und Shaull, Richard: *Amerikanische Ideologie.* Frankfurt 1969
Pareto, Vilfredo: *Trattato di sociologia generale.* 3 Bde. Florenz 1916. Dt. Auswahl: *Allgemeine Soziologie.* Tübingen 1955. Dt. Auswahl: *Vilfredo Paretos System der allgemeinen Soziologie.* Stuttgart 1962
Plessner, Helmuth: »Abwandlungen des Ideologiegedankens.« *Zwischen Philosophie und Gesellschaft.* Bern 1953
Popper, Karl: *Die offene Gesellschaft und ihre Feinde.* Bd. 2: *Falsche Propheten.* Bern 1957
Scheler, Max: *Die Wissensformen und die Gesellschaft.* Leipzig 1926
Schlette, Hans Robert: »Philosophische Marginalien zum Ideologieproblem.« *Zeitschrift für philosophische Forschung 21.* (Mit Literaturübersicht)
Shils, Edward: »The Concept and Function of Ideology.« *International Encyclopaedia of the Social Sciences,* No. 7
Shklar, Judith N.: *After Utopia.* Princeton 1957
Sorel, Georges: *Über die Gewalt.* Frankfurt 1969
Spranger, Eduard: »Wesen und Wert politischer Ideologien.« *Vierteljahreshefte für Zeitgeschichte II,* 1954
Stadler, Peter: *Karl Marx, Ideologie und Politik.* Göttingen 1966
Topitsch, Ernst: »Ideologie.« *Herders Staatslexikon IV.* Freiburg 1959
Ders.: *Sozialphilosophie zwischen Ideologie und Wissenschaft.* Neuwied 1961
Ders.: »Sozialtheorie und Gesellschaftsgestaltung.« *Theorie und Realität* (hrsg. von Hans Albert). Tübingen 1964
Ders.: *Vom Ursprung und Ende der Metaphysik.* Wien 1958
Walsby, Harold: *The Domain of Ideologies.* Glasgow 1947.
Weber, Alfred: *Prinzipien der Geschichts- und Kultursoziologie.* München 1951
Weber, Max: *Gesammelte Aufsätze zur Wissenschaftslehre.* Tübingen 1951
Ders.: *Gesammelte Aufsätze zur Soziologie und Sozialpolitik.* München 1926
Zeltner, Hermann: *Ideologie und Wahrheit.* Stuttgart 1966

Namen- und Sachregister

ÜBER DEN AUTOR:

John Plamenatz wurde 1912 in Montenegro geboren und kam 1919 nach England, Studium in Oxford, 1936 Fellow am All Souls College, ab 1951 Lehrtätigkeit am Nuffield College, ab 1967 Professor für Soziale und Politische Theorie in Oxford (All Soula). Wichtige Publikationen: Consent, Freedom and Political Obligation, The English Utilitarians, German Marxism and Russian Communism, The Revolutionary Movement in France, On Alien Rule and Self-Government und Man and Society.

Politik

Robert J. Lifton
Die Unsterblichkeit des Revolutionärs
Mao Tse-tung und die chinesische Kulturrevolution
Band 1551

Das umfassende Thema dieses in angelsächsischen Ländern berühmt gewordenen Werkes sind die Versuche, die Menschen unternehmen, um ihre Werke unsterblich zu machen.

Profile und Programme der Dritten Welt
Herausgegeben von Peter J. Opitz
Band 1552

In diesem Buch werden die politischen Programme von Gandhi, Nehru, Mao Tse-tung, Sukarno, Nasser und Senghor von einem Team von Experten dargestellt, interpretiert und kritisch analysiert.

Elie Kedourie
Nationalismus
Band 1553

Der Autor umreißt die philosophischen Grundlagen der Ideologie des Nationalsozialismus und analysiert die verschiedenen Elemente, aus denen sie sich zusammensetzt.

Joseph Frankel
Nationales Interesse
Band 1554

Dieser Band bietet die Grundlage für eine präzise Analyse des Begriffs »Nationales Interesse« sowohl innerhalb der nationalen Zusammenhänge als auch im Bereich der internationalen Beziehungen.

Politik

Jean Servier
Der Traum von der großen Harmonie

Eine Geschichte der Utopie
Band 1555

Servier untersucht zum einen die historische Bildung und Entwicklung von Utopien, zum anderen versucht er, aus den verschiedenen geschichtlichen Utopieformen das ihnen Gemeinsame herauszukristallisieren.

Martin Albrow
Bürokratie

Band 1557

Albrow legt dar, wie vielfältig der Begriff der Bürokratie ausgelegt wird und wurde; er untersucht in seiner Inventuraufnahme die Beziehung der Sinngehalte untereinander und erklärt deren Entwicklung.

Ioan Davies
Soziale Mobilität und politischer Wandel

Band 1558

Der Band von Ioan Davies berücksichtigt den neuesten Stand der Forschung und bringt alle wesentlichen Informationen über dieses Thema.

Greiffenhagen/Müller/Kühnl
Totalitarismus

Zur Problematik eines politischen Begriffs
Band 1556

Der Begriff »Totalitarismus« wurde und wird in der politischen Auseinandersetzung undifferenziert verwendet. Die Autoren klären diesen Begriff, nicht nur für die Vergangenheit, sondern auch im Hinblick auf heutige extreme Lager.